董如军 著

警用格斗

人民体育出版社

图书在版编目（CIP）数据

警用格斗 / 董如军著. -- 北京：人民体育出版社, 2022
ISBN 978-7-5009-6069-0

Ⅰ.①警… Ⅱ.①董… Ⅲ.①警察—擒拿方法(体育)
②警察—技击(体育) Ⅳ.①G852.42

中国版本图书馆CIP数据核字(2021)第168495号

*

人民体育出版社出版发行
北京新华印刷有限公司印刷
新 华 书 店 经 销

*

710×1000　16开本　15印张　252千字
2022年3月第1版　　2022年3月第1次印刷
印数：1—2,000册

*

ISBN 978-7-5009-6069-0
定价：42.00元

社址：北京市东城区体育馆路8号（天坛公园东门）
电话：67151482（发行部）　　　邮编：100061
传真：67151483　　　　　　　　邮购：67118491
网址：www.sportspublish.cn
（购买本社图书，如遇有缺损页可与邮购部联系）

作者简介

　　董如军，教授，于2007年被国务院授予中国人民警察二级警监，公安部警察体育学术专家评审，入选公安部警务实战首批实战教官，中国武术八段，中国体育科学学会资深教授，北京体育大学高级访问学者，广州体育学院硕士生导师兼职教授，广东省公安厅警务实战训练专家顾问。坚持"武为警用，服务公安"，1997年香港回归、1999年澳门回归广东中央警卫训练主要负责人，并先后培训了数千名公安民警保卫祖国。

　　著作《警察体育与健康概论》《古传实战秘技——峨眉拳述真》由北京体育大学出版社出版，《古传秘技峨眉拳》由人民体育出版社出版，《我国警察体育研究》由群众出版社出版，《警察体能技能训练》由中国人民公安大学出版社出版。为公安部参编《警察基本技能及战术》《警察体育教育》（人民警察高等教育（专科）规划教材）等教程

3部。主持课题包括国家级社会科学基金1项，公安厅1项，国家体育总局武术研究院2项及公安院校3项。

作者自幼习武，曾系统学习过少林拳、查拳、峨眉拳、太极拳、形意拳、武当火龙拳等武术拳种。先后在《北京体育大学学报》《体育学刊》《公安教育》《警察技术》《解放军体育学院学报》等刊物上发表学术论文二十多篇。在《中华武术》《武林》《武当》《武魂》《搏击》《少林与太极》等刊物上发表八十余篇武术文化论文。撰写的《关于警察身体素质状况的调查与思考》等论文获公安部征文三等奖1项、广东省公安厅三等奖1项、人民日报出版社一等奖，多次荣获国际少林拳武术节、国际武当拳武术节、国际峨眉拳武术节武术著作论文成果奖。

序

格斗技法属于中国武术文化瑰宝之一，来自民间武术，是人民群众喜爱的既能强身健体又能防身自卫的运动项目，数千年来盛传不衰。

董如军教授是广东警察学院学科带头人，从事高校、公安擒拿格斗等教学与训练28年，始终坚持在教学训练工作第一线，曾参与撰写公安院校武术《擒拿格斗》教学大纲、编写公安擒拿格斗教材，在警察实战教学和学科建设中作出了突出成绩。他在总结教学与训练实践经验的基础上，撰著了《警用格斗技法》一书，介绍了格斗训练基础知识以及大力金刚功、警用技能实战、抓捕擒敌术等内容，图文并茂，简单易学。其中的格斗招式、练习方法，凝结作者多年从事教育训练实践和研究的成果，既有实战效果，又能强身健体。有心者若能科学练习、持之以恒，坚持数年必有收益。本书既适合公安武警训练中学习参考，也适合广大武术爱好者运动练习。

我和董如军教授是同事，且对武术运动有一些喜好，欣然为序。

二〇〇九年十二月

前　言

　　格斗也称搏击，具有攻击、防御、闪躲等技法。格斗是一项古老的技能，以最快、最狠、最有效的方式"制胜"对手。它是一种珍贵的非物质文化遗产，是民族精神所在，是确保国家安全、人民安居乐业的重要技能。

　　警用格斗是从传统武术中提炼出的精华，属于警营传统文化，也是公安学科重要的内容。警用格斗属于行业技能，是指人民警察在制止违法犯罪行为或在执行职务中遇到不法侵害行为时，依法使用警械和武器，或在不准、不能以及来不及使用警械和武器的情况下，在法律法规允许的范围内，主要运用徒手制服擒获抗拒的违法分子或犯罪嫌疑人的一项专门技术，是人民警察为保证顺利执行职务而必须掌握的一项重要的警务实战技能，又称警用格斗徒手技法。

　　2010年9月，《警用格斗技法》由人民体育出版社出版，已第7次印刷，受到数万名爱好者青睐。为了更好地满足警用实战及广大爱好者的需求，2014年，由笔者主持的国家级社会科学基金项目《我国警察体育研究》（项目批准号为14BTY057）在全国十几个省公安厅、二十多个地市公安机关和十七所公安、军事、体育及其他高校调研、实践，一致认为警用格斗在公安机关人民警察执法中非常重要。此次出版的《警用格斗》在保留《警用格斗技法》六章内容基础上增加了训练理论之"特警格斗与防卫训练的基本特征与能量代谢特点""特警实战训练特点和指导思想"章节；传统训练功法之"浑元一气按莲功""大力鹰爪功""排打硬气功"，配合格斗的训练达到练功法增强功夫的目的；"格斗单练""格斗双练""使用方法"旨在通过模拟训练快速提高实战技能;"警用格斗训练标准"是经过多年研制形成的一个格斗教学训练体系;"中国传统武术实战训练精要"是把传统文化思想与新的训练方法融为一体,使训练效果更好,以期警用格斗文化能够更加发扬光大,为国家警务工作作出贡献。

通过笔者自幼练武和至今50余年的教学实践经验,疏理出的这套经典警用格斗技能,形成了独特的教学训练体系。它主要有"一学、二练、三教、四打、五研"5个方面内容:一学,学习一种优秀的拳种,要系统地学。先了解一个拳派的体系,打好基础,一个拳种内容丰富,可提炼出适合自己的武术内容在练习其他门派武功时触类旁通。二练,将学习的武术技术动作,特别是常用的技术动作反复练习,以便熟能生巧,待技术上身即达自动化,方可用于实战和强身健体。三教,"教学相长""因材施教",在长期的教学训练中,根据学员出现的问题、提出的问题不断地探讨;根据一线警察实战需求不断地使技术动作、训练方法有所创新,而对核心的训练要坚持;要根据不同警种、不同年龄因人而异地进行教学训练,把握主题教学目的和任务,制定一套可行的警用格斗训练标准,有计划、有针对性地进行实战训练,这样可缩短训练时间并快速提升实战能力。四打,打是一种实战交流形式,即切磋技艺,一般传统的打法有以下几种:一是用语言交流说招,常言道"君子动口不动手";二是比试拆招的用法(试招),即是模拟对抗,友好地交流、讲解,"点到为止",以免伤人,在教学训练、日常交流中是常用的;三是实战交流,即各用各的打法,不穿护具、不戴拳套、不讲门派、不分级别、不论年龄和性别,你打你的、我打我的,这种古传徒手打法,真打实斗性比较强,就是大家经常讲的"是骡子是马拉出来溜一溜"。徒手实战要千锤百炼才行,一开始先与同门交流,接着再和其他门派交流,经过数百场实战,与不同的对手交流,可验证自己在实战中学到的武术招法哪些能用,哪些用不上,去繁就简。当然,实战交流是一种肢体对抗性交流最好的体验,能有更深刻的感受和体会,通过实战更有利于以身说教,在教学和训练中少走弯路,使培养的学员也能进行实战。五研，实战的交流是信息互换的过程。彼此间就掌握的技能打法与对方实战交流，感受非常直观，印象非常深刻，由感性认识上升到理性认识，把实战经验总结成实战理论，达到一个质的飞跃。只有自己有了深刻的体会，才能在武术教育研究中产生新思想，形成独特的教学训练理论体系，才能提升教学的艺术性，突出实战训练的实效性。警用格斗是传统体育文化，要传承，大而言之可保家卫国，增强人民体质健康，对于个人可防身自卫、陶冶情操。传承警用格斗技法的过程也是体现自强不息精神的过程。

警用格斗有3个基本特点：一是以擒为主，一招制服。格斗的技术体系为远踢、近打、靠身摔、巧拿，以拿为主，以制服擒获为原则。二是简单实用，便于掌握。格斗技术动作是按照简单实用、易教易学、实效显著的标准确定的。其内容精练，动作简单，一看就懂、一学就会、一练即用，反复强化即见成效。三是应变性强，灵活运用。格斗内容丰富，技术多样，针对性强，选择余地大，基本涵盖常规需要使用的格斗技法训练和实战性的各种情况。

警用格斗是随着社会发展而不断发展的，社会的实践没有止境，警用格斗理论创新、古为今用、武为警用的实践也一定会更加深入和丰富。望各位同仁提出宝贵意见。

谨以此书献给中国共产党成立100周年。

董如军

2021年5月6日

目　录

第一章　特警格斗与防卫训练的基本特征与能量代谢特点

第一节　格斗与防卫训练的基本特征

警务工作的组织方式和快节奏的生活方式对特警的综合素质提出更高要求。作为多种能力依托的格斗与防卫素质，成为我国警察行业警务实战训练的重点和突破口，关系到我国公安战斗力。作为现代化建设中维护公共安全的警察格斗与防卫，是我国警察行业警务实战的重点。格斗与防卫训练是进一步提升战斗力、打击违法犯罪分子、维护国家安定和保护人民生命财产的基础。训练必须与警务理论相一致，要按照警务实战化的要求进行训练，并按训练的方式执行警务作战。

特警格斗与防卫运动训练属于行业技能训练，迫切需要身体训练。警务实战突发事件通常为几秒钟或几分钟，时间短，但处置案件需要1个小时甚至更长时间。因此，警务实战是在较长的警务工作时间里，由强度较大的体力和脑力劳动，在短时间内完成爆发性用力动作。格斗出拳防卫时间为0.1～0.3秒；快速掏枪时间为1.5～2.5秒；快速躲闪反击时间为1～2秒；追击距离20～50米，它要求警察具备高强度无氧状态下爆发力的能力，是一项动作精细、准确，技战术复杂多变，对抗激烈，对体能、技能和心智具有高要求的警务实战工作。此工作，特别是突发事件的处理包含了几乎所需要的全部运动素质，包括力量、速度、耐力、灵活性、协调性和意志力，以及警务处置案件过程中高度的专注力。

第二节　格斗与防卫的能量代谢特点

　　特警格斗与防卫运动的训练必须结合警务实战的需要，训练特点与运动时间、运动强度、运动后的心率及处置案件的难易程度息息相关。格斗与防卫是以攻击与防护综合抓捕为手段，有极强的对抗性，在执法对抗中要求不能受伤。我国特警格斗与防卫主要有"快速、灵活、巧妙"3个特点。"快速"要求出手快、击打力量大，这是它的核心特征。格斗与防卫的全部动作由手法、步法、身法等基本技能和专门的动作组成。格斗与防卫以有氧代谢为基础，功能系统以有氧为主，无氧为辅。

　　从格斗与防卫训练角度分析，大多数的抓捕活动以有氧供能为主，但在抓捕的每一秒，无氧代谢供能又起绝对的主导作用，因此，抓捕属于需要无氧代谢与有氧代谢混合供能的动作。

第一章 特警实战训练特点和指导思想

第一节 警察格斗训练的特点

一、强调体能训练的基础性作用

格斗与抓捕体能训练基础包括速度、敏捷性、速度耐力、肌力（爆发力）、肌耐力等。速度训练包括重复训练、间歇训练、节奏训练。训练频率以每周2～3次为宜，训练强度以脉搏每分钟70～90次为宜。训练内容为快速出拳以30秒为一组，一次3～5组；快速抓捕动作以10秒为一组，一组6～8个重复动作，一次3组。

敏捷性指正确而快速改变身体或部分身体方向位置的能力，它是力量、反应时间、动作速度、动力和协调等警务实战能力要素的结合体。敏捷性训练采用重复训练，以快速跑打直拳、快速跑突然擒拿抓捕为主要内容，利用指示方向、听声音或手势引导移动练习敏捷性。

速度耐力指长时间无氧耐力，暴乱现场场面大、人员众多，并且持续时间长，制止违法暴乱过程中，特警携带武器和装备快速防卫与抓捕往返数次，就需要特警具有在较长时间内保持较高输出功率的能力，即长时间的无氧耐力。因此，加强肌肉力量训练、增加负荷训练非常重要。

二、注重警务实战的培养

警务实战的培养主要指特警对各类突发事件的临场防范与处置采用的方法，它的核心是警察，需要依法控制犯罪嫌疑人及现场的环境，防止意外或危险的发生。

只有提高了警务实战能力，才能有效地遏制暴力犯罪，处置突发事件，确保生命安全。警务实战处置控制的能力与思想意识、警务实战技能与指挥、装备等息息相关。

实战能力的培养方法包括两点，一是场景设计演练、综合演练。徒手对徒手，快速制服人质身边的暴徒，加强临战综合演练，是提高警务实战能力的重要途径，避免出现重形式轻内容的情况。二是训练战术意识。使警察掌握战术的基本原则与临战基本方法，并养成临战评估的良好习惯。养成有备无患的良好习惯，对犯罪嫌疑人防卫的心理、反抗能力、反抗手段作出充分的估计，随时把犯罪嫌疑人的智力和反抗能力估计得高一些、大一些，从而有计划地制订周密的战术，防止意外发生，确保全胜。

格斗与防卫训练是常用的警务技能，这些技能不是一蹴而就的，需要长时间的训练，掌握熟练的动作。安排适当的训练时间可提高技能和信心，从而做到处变不惊、反应迅速，确保临战时能在最短时间内做出最快的反应，变被动为主动。

三、警员的培养具有鲜明的目的

特警格斗与防卫在警务工作中具有极大的作用，目的明确，在许多场合显示出越来越重要的地位和作用。警察格斗与防卫训练在警务工作中占有很大比例，主要目的是制服犯罪分子。格斗与防卫训练，不仅能锻炼身体、增强体质，培养对抗意识和良好心理素质，更重要的是适合一线执法警察，它技击性强、实战性强，对警察的身心素质要求较高，是强烈的对抗性技术。

直接进行身体对抗的格斗训练不仅能使警察快速掌握格斗技术、战术等综合性技术动作，还是一种很好的战斗心理训练。

四、警员的训练个性化

格斗与防卫是一项用较强对抗性动作制服犯罪分子的技能，它是以击打、擒拿、摔法为主的格斗与防卫技术，特别强调警员格斗与防卫技术运用的能力。擒拿摔法格斗需要有扎实的技术和良好的战术才能够制胜。抓捕为一瞬间无间歇的动作，特别是在快速接近对方的时候，基本是1～2秒完成快速的动作。抓捕犯罪分子，警员需要具有最佳的神经肌肉控制能力和最大功能效率，才能降低受伤的风险，以制服犯罪分子，所以体能训练至关重要，尤其是移动转换的能力及高强度的快速对抗能力。抓捕需要多关节的协调配合，所以训练多以关节参与为主，同时提高身体的稳定性和对抗能力。

把传统武术与警用格斗相结合，加强综合训练，主要是进行核心力量训练，以及膝关节主导的双腿和单腿训练、髋关节主导的训练、上肢击打水平和垂直推拉别背摔的训练等。

格斗与防卫训练计划要设定主要目标，以提高警员的爆发力，即抓捕的爆发力量。进行最大力量和功能性训练，可以预防损伤，提高警员的力量水平，合理设计主、次爆发力间歇的时间，同时训练量、训练强度要逐渐加大。根据警员实际执行任务逐渐地减少训练量，即通过减少训练动作及练习次数来减少训练量。

对抗的训练计划要根据个人的实际情况来设定，合理安排训练的时间、频率、强度和训练量，还要考虑疲劳产生的影响及其恢复程度，在特定训练周期的训练，需要有特定的训练目标，也就是要制定核心的训练科目，只有通过连续及循序渐进的训练，才能逐步达到制服犯罪分子需要的训练目标。

在力量训练的时候，要注意两个方面，首先，注意爆发力，它是基础，在最短的时间内提高警员的爆发力。其次，训练动作不能太复杂或者太危险，要减少损伤的发生。格斗与防卫结合体能训练既是一门科学，也是一门艺术，重点在于如何提高现场执法警务实战能力，减少伤病的发生。加强体能训练的过程并非只是执行计划，同时还包括训练评估现场监控和反馈科学的训练方法及手段，要不断提高警员的主观能动性，提高训练的效率和质量，更好地提高警员的实战能力。

第二节　格斗与防卫训练的指导思想

一、激发训练兴趣

警务实战已成为我国民警必须掌握的专业技能，尤其是一线警察在执法中必须要使用的防卫技能。警务实战内容随着形势变化不断地发展，激发训练兴趣，提高训练效率是必要的。警务实战是我国警察的专项课程，故警务实战要增加训练的科学性和实用性、实战性，为了更好地让警员掌握这项警务实战技能，需要从以下几个方面激发训练兴趣。

（1）首先要确立正确的训练动机，帮助警员树立正确的学习观念，想学、要学，把训练技能与激发兴趣结合起来，达到更好效果。形象生动的讲解和优美的实战性动作不仅可以帮助警员建立正确的技术动作表象，还可以培养警员训练的兴趣，是重要的训练手段。示范动作要正确，体现出格斗与防卫时的范围位置、掌握的时机、掌握的角度方向、速度用力等，合理示范运用，能达到预期的训练效果。

（2）训练内容要多样化，训练方法要新颖多变，要精心安排训练内容，以引起警员的兴趣。训练中要考虑新旧内容交叉进行，要考虑难易搭配，要考虑内容纵横关系，每次训练都要有新的内容，新颖的训练方法能激发警员的兴趣，使警员集中精力努力学习。

（3）开展警务实战的模拟对抗，使警员产生训练的兴趣。在模拟实战中产生兴趣，有利于提高警员的技术运用能力，使警员有较强的争胜心和进取心，最大程度地发挥主动性。

（4）训练内容要使警员感觉到适用于实战，从中获得快乐，快乐可激发兴趣，增强自信心和使用的体验，要力求将每次训练做到具体化、细致化、多元化，并采取有效措施保证完成训练任务。每个警员不但要了解自己的情况，也要向对方学习，从而激发训练兴趣，达到最好的训练效果。

二、注重身体素质平衡发展

警察实战核心训练是对警员身体核心部位肌群进行稳定性和整体平衡能力的训练。通过系统的核心训练可以促使核心区域形成比较稳定的平台，对整个身体的力量传导功能有着不可替代的作用，核心训练对警员稳定身体重心、力量传导、加强脊柱及肢体的控制能力和减少损伤起到非常重要的作用，同时，核心的稳定对有效地控制骨盆和躯干周围肌群的稳定起到重要作用，为四肢的发力提供支撑点，使肌肉产生力量、传导力量和控制力量达到最佳化。

警察执法制服犯罪分子是灵敏性和协调性要求很高的动作，现场执法中情况复杂、瞬息万变，需要警员快速反应，迅速移动身体位置，做出判断，需要较高的身体控制能力和协调性。

警员随着年龄的增长体能下降，技术发生变化，保持身体平衡性和灵敏性的能力降低，此时，灵活性、核心肌肉力量在警员的执法中就起着重要的作用。体能是警务技能的基础，身体姿势控制是警员执法的必要条件，平时警员模仿抓捕执法场景，经过一个月实战核心训练，灵敏性和动态平衡能力会有显著的提高。

核心肌肉为周围肌肉的活动提供了一个稳定的支点作用，而上半身和下半身则起到杠杆的作用。平衡训练对灵敏性的作用，表现为提高改变方向的能力，通过更好的适应性来提高灵敏性。在需要快速移动和突然改变方向及位置的防卫控制中，提高灵敏性对警员是有益的，经过核心项目训练的警员动态平衡和灵敏性都得到了提高。将身体平衡核心训练纳入警员实战日常训练项目中，可提升一线警员身体动态平衡能力和灵敏性，最终提高警员的警务实战能力。

三、突出基础技能能力的培养

对警务实战警员培养、优秀警务格斗与防卫教官的培养是一项长期的系统工程。由于现代科技的发达，训练水平不断提高，竞争日益复杂化，对警务实战一线警员的要求更高，警员培训要进行早期的训练，经过多年的培养，才能造就一个优秀的警务实战警员或培养一个优秀的教官，这是必经之路，优秀的教官大多数要经过基础训练阶段、专项提高阶段、娴熟训练阶段和运用现场执法实战阶段，这是一个复杂、长久的过程。

基础技能训练是提升格斗、抓捕、枪械使用等技能的基础，基础技能可帮助警员全面奠定警务实战的基础，保障警务实战后续的发展。因此，基础技能训练的阶段特征研究是培养警务实战训练人才的重点。我国警务实战优秀的教官，大多数在格斗、武术、射击、田径等训练中打下了坚实的基础，基础训练成就了非常优秀的警务实战教官和一线警员，很多警务实战教官和一线警员原来是很优秀的运动员。

警务实战主要有格斗、抓捕、射击等技能，拳击、摔跤和中国武术中的踢、打、摔、拿等传统技艺是支撑警务实战技能提高的基础。格斗与防卫训练的主要要求是有力量，技术动作准确，对抗中能准确地击打、防卫是它的共性。

警务实战警员要经过多年的基础技能训练，一般为3～5年，其最主要的任务是全面打好技能实战的基础，提高协调能力与基本格斗的能力。随着年纪的增长，耐力性会有所减弱，但还要保持一定的力量性训练，使技能得以延续发展，经过警务实战实践，经验也会不断地提高。

四、格斗与体能专项训练相结合

警察体能训练有公安部通用标准，专项体能是为警务技能基础服务的，也就是功能性训练。以警察体能与专项体能训练结合为基础，深入研究格斗与防卫体能训练具有现实意义。

专项体能训练是促进格斗与防卫能力提升的主要途径，同时也是警务实战警员良好稳定发挥技能的保障，因此，正确的体能训练方法对增强警务实战格斗的警员体能有着重要的意义，对格斗与防卫在实战中克敌制胜发挥着重要保障作用。

警员使用格斗与防卫技能在制服犯罪分子时要快速发力，发力瞬间，相对有利的核心肌肉群会使警员在格斗与防卫中保持住自身位置，确保身体深层次的小肌肉群的功能稳定、避免损伤，起到一定预防作用。

格斗与防卫训练是体能与格斗专项体能的综合训练，比如，人体腹部肌肉在前，臀部背部肌肉横膈肌在后，盆底肌和环绕髋部的肌肉群属于核心肌肉群。格斗防卫肢体发力时，核心肌肉群所积攒的全部能量从身体逐渐转向各个动作环节，集全身之力于一点，形成爆发力。

将基础训练理念渗透于格斗与防卫的体能训练中，可以使警员的肢体变得更加协调，增强能量的输出，提高效率，躯干部位的训练可以起到足够支撑身体的作用。

警务人员在抓捕犯罪分子过程中，对体能有较高要求，如在跑动快速抓捕期间，要求警员具备物理学相关知识，了解转动力矩作用，维持恒定的状态。抓捕时，下肢转动力矩会改变方向，在此期间促使警员其余身体部位出现相反的转动力矩，让警员可在实际抓捕中维持良好的平衡状态。

格斗训练时的速度包括位移速度与反应速度，反应速度又包括两种，一是训练的反应速度，可以设置有敌的训练方法；二是听到信号快速出拳、快速抓捕、快速奔跑来进行对抗。

格斗素质主要是速度和力量。速度与警员的体能综合水平有着直接的关系。力量包括很多形式，比如警员的快速移动步伐，可以开展对抗性深蹲训练，以增强力量。

格斗的肺活量训练以田径为主要手段，训练时要进行变速跑，中等强度一般为20米来回折返跑、80米变速跑。柔韧性训练，可以在大软球上进行仰卧起坐训练、后仰与收腹运动训练及倒地出拳、出腿训练。

格斗与防卫属于对抗性运动，把专项体能与一般体能训练相结合，对警员的身体技能起到提升作用，使警员在执法中保持充沛的精力，以掌握最佳时机制服犯罪分子。

五、体能与技战术、心理相结合

（一）体能训练与技战术

警用格斗与防卫在搏击中占有十分重要的地位，它不仅能够有效地提高警员的身体素质，还能培养警员的团队合作意识，锻炼警员的心理素质。在实战中为了避免出现因身体对抗而受伤的现象，要训练警员自身的速度、力量，可以说，体能训练是对格斗技战术的提升，因此，体能训练对警员格斗与防卫技战术来讲十分重要。

在格斗与防卫训练中要以技术为基础，将格斗意识贯穿其中，最终目的是制服犯罪分子。

对警员来说，格斗与防卫体能消耗很大，因此体能训练至关重要，另外，体能训练对技战术的提升也具有十分重要的现实意义。

在进行格斗与防卫训练的时候，首先要对防卫与格斗特点进行全面的掌握，要指导警员以正确开展训练为基础，否则体能训练对警员只有较小作用，在实战中难以有效地开展技战术抓捕行动。

格斗与防卫技战术的特点包括3点：第一，步法的技术。步法技术要结合格斗与防卫的具体情况，由于实战中情况不断变化，对警员自身速度、方位变换要求较高，此外，对快速攻击的要求也较高。实战时，动作要迅速、敏捷，使对方来不及反应，因此，要求在一定范围内步法移动要快。第二，出拳的技术。直拳为最快，距离短、时间短，发力要猛、要快速，这样有利于快速击打。脚跟蹬、转身，用髋部力量送到肩、肘、手，最后快速出拳。第三，体能对技战术的影响。技战术中打、踢、摔、拿这些技术动作要求身体必须具备一定的灵敏度，以便更好地做出相应的动作来抓捕犯罪分子，所以，体能训练中的灵敏度训练与力量训练能够提高警员对技战术的有效应用。从抓捕战术中的主动擒拿战术来看，除了要求警员有较好的技术之外，还要有良好的合作协作精神、合作能力。格斗体能训练，能使警员在应用格斗技战术时，增强进攻能力，并根据场景及时做出反应完成抓捕。

格斗警员开展体能训练，以1500~3000米匀速跑为主，心率控制在每秒150次左右，保持均衡速度。

结合格斗的实际训练情况来看，警员在应用技战术的时候要遵守以对抗为主的抓捕原则，具体实施过程中，特别是采用双人配合的抓捕时，具体分工要根据形势准确判断，找准时机进行抓捕。除此之外，在抓捕过程中，要防止对方持刀、持枪等凶器。应用技战术的时候，要求严格遵守相互配合原则，在进攻战术中，要求警员在个人运用基础上，与其他警员相互配合行动，以便能够顺利地完成制服犯罪分子的任务。实战训练中，警员需要按照原则结合多方因素进行训练，以提高综合素质，为制服犯罪分子提供保障。

（二）体能训练与心理训练相结合

胜任心理素质是公安民警职业胜任特征的核心部分，越来越受到警察管理者及国内外研究者的高度重视，我国已开始使用若干著名的人格量表进行公安民警选拔与岗位分配工作，这对公安民警职业的心理测量研究与应用起到了重要的促进作用，是这一特殊职业所必须具备的心理素质。

在心理素质要求方面，西方国家警察心理选拔的内容与我国警察有较大差异，因此不能完全照搬招警制度施行。出于对警力配置合理和科学性的要求，公安部门需要掌握公安民警心理测评。为了开展公安民警职业胜任心理素质测量测评系统的研究工作，心理素质测评指标体系的构建是关键环节，构建公安民警职业胜任心理素质评价的指标体系十分重要。

执法过程中，提高安全意识的具体做法是体能训练与心理训练科学结合。一个具有实战能力的警察，不仅要具备高尚的道德情操、良好的身体素质、精湛的战术技能、强烈的战斗意识，还应该具备过硬的心理素质，即警察在执法过程中遇到紧急情况，能够临危不乱、冷静沉着，与犯罪分子斗智斗勇，并能抓住战机，一举抓捕犯罪分子。心理素质的好坏直接影响着能力的发挥，故培养警察良好的临战心理素质非常重要。心理素质训练包括以下几个方面。

第一，根据警察的职业特征，要有对犯罪嫌疑人的特征、使用的工具、地形环境等准确快速记忆辨别的能力。为提高警员在特殊情况下的认知能力，应加强快速扫描，找到内部联系等认知方法的培训，使快速记忆与处置的方案在脑海里形成。

第二，要有培养自我控制能力和自我调节能力的训练课目。要有稳定情绪、自我暗示、放松、注意力转移、乱中求静等情感的训练。在面临多种冲突和复杂多变的现场事态时，要有自我调节情绪的能力。

第三，要有应急能力的训练。警察在抓捕犯罪分子或应对复杂情况时，会遇到犯罪分子拒捕对抗、暴力袭警、时间的延续、气候的变化、环境的转移、群众围观起哄等现象。在实战训练中，要根据犯罪分子的性别、年龄、方言等信息，通过应急训练来提高警察处置突发暴力事件的能力和应急后的心理恢复能力。可采用模拟凶器如刀具、枪械等进行防卫训练。

第四，要有警察抑制能力的训练。主要进行非智力因素的训练，包括心理承受能力和自制力训练。警察在抓捕嫌疑人时，当其拒捕、反抗或有人身攻击时，难免会使警察产生巨大的心理压力，所以，一方面，要加强警察意志品质的教育训练，可采用野外恶劣气候条件下生存的训练方式培养意志品质；另一方面，要进行临战预案的训练，消除警察暂时的过度恐惧感，增强临战处置和对付犯罪嫌疑人的信心。根据治安情况，可设置临战处置模拟现场，经过这样全面的培训，可有效打击各种犯罪活动，提高抓捕犯罪分子的成功率，减少伤亡和财物损失，有效地维护社会秩序和保护自己，为保卫国家和人民利益发挥积极作用。

六、培养格斗与防卫的战术意识

警务战术的意识，主观上支配着战术技能的实际运用，使警务实战能力有更高层次的体现，应根据警务实战意识的形成、发展以及在警务实战中所表现出来的特点和规律，有针对性、有计划、有策略地开展警务实战战术的训练。

（一）培养警务实战意识层次

培养警务实战意识的宗旨是建立一个完整的警务实战格斗意识训练策略体系，可有效地提升警员队伍的执法战斗能力。包括提升警务实战技战术的能力；阶段性发展警务战术意识；系统性地开展警务实战意识训练。

警务实战意识是公安民警在复杂多变的执法环境中，根据一定的战术目的，自觉地选择和合理地运用战术的一种思维活动。战术意识是意识的一种，源于客观存在，并反作用于实践，是民警在临战应急状态下自身心理表现的一种能力，是判断应变能力、思维决策能力、躯体协调能力等因素的综合体现。警务实战意识的形成、发展及其在实战中的应用，存在着自身特点和规律，这为有针对性、计划性、策略性地开展警务实战意识训练提供了理论依据和指导。

提升、培养警务技战术的能力，是战术意识发挥的具体手段，可决定民警在实战过程中战术方法运用的效率和成败，所以，警务技战术能力是一个由低级向高级、由低层次向高层次逐步发展的过程。低层次的技战术是高层次技战术发展的前提和基础，没有低层次的学习，没有基础的学习，很难进入高层次的学习，因此，要培养扎实巩固、全面系统的警务战术意识。

警务技能及战术的能力发展过程，应从个人的技战术逐步向小组战术、联合战术升级，将战术意识贯穿于整个技战术能力训练过程。随着技战术的熟练和经验的积累，大脑会对不同情况下战术的动作方法及运用产生潜在反应，这一思维过程是随着警务战术由简入繁、循序渐进不断完善的，从而逐步向高层次发展。

（二）培养警务战术阶段性意识的能力

警员发展战术意识的过程，是一个从认知记忆阶段、检验实践阶段到实战巩固阶段的实践顺序，使警务战术的知识转变为稳定的战术意识，继而在实战运用中表现出来。

（1）认知记忆阶段：了解各种警务战术方法的基本知识，理解其特点作用，掌握其使用的时机及优缺点等，了解实战过程中运用的形式和达到的效果，区分相似战术方法的异同，熟知其相互影响、相互补充的效果，在警员思想里构建基本概念。

该阶段可通过教练讲解、示范及典型的案例记录教学篇等视觉印象，为参训的警员构建基本战术概念，了解其一般运用形式。这一阶段旨在让警员体会概念的真实性，教官要反复纠正动作并做出正确示范，确保警员对理论的理解以及战术动作的规范准确，最终完成基本的练习。

（2）检验实践阶段：在技战术运用达到一定熟练程度后可适当变化战术方法，利用环境和条件，使警员进一步理解战术方法的本质和规律，以综合性练习，提高警员对技战术方法融会贯通的能力，运用模拟对抗训练，使警员理解实战中战术方法运用的具体要求，增强实战的技巧性和灵活性。可采取情景模拟实战法，促使民警将已掌握的战术方法熟练地运用到实践中。该阶段是警员提升自身熟练运用战术方法的重要途径，也是民警战术意识提高的关键时期。

（3）实战巩固阶段：将民警掌握的战术理论及战术能力转变为头脑中的潜意识，需要通过长期训练实践积累，缺少经验就难以在实战中发挥出技战术水平，不是因为没有掌握技战术的方法，而是当面对瞬息万变的环境时很难快速决策，从而贻误战机。经常性模拟训练及实战，可使头脑不断地获得反馈信息，逐步巩固技战术能力，最终形成自动化的战术意识，此过程需千锤百炼。

（三）主观能动思维的过程

这个过程受到心理因素的重要影响。反复模拟实战，注重意志品质教育，加强专业心理拓展，可改善或提升临战心理的稳定性，从而使主观能动思维准确迅速地指导主体行动。培养警务实战意识还要加强逻辑思维的训练，培养预判的能力。警务实战意识的自觉性主要体现在对现场情况的决策，然而及时准确的决策必须立足于较强的判断能力。警务对抗激烈，现场情况瞬息万变，根据临场情况的发展态势及敌我之间的战斗特点和规律，判断犯罪分子或嫌疑人的反抗形式、行动方法及各种可能发生的变故，是把握先机、制敌取胜的重要条件。

这种直觉式思维的培养，一方面，要求主体具有丰富的实战经验，以直觉判断情况发展的态势；另一方面，要求主体具有科学的思维方法，能够进行缜密的逻辑推理，因此，对民警进行逻辑思维训练，强化其对现场情况的判断，是主观意识快速科学指导客观行动的又一重要保证。

此外，培养警务战术的意识，还要进行作风的训练，强化全局观念。作风是警员在警务实战中主观精神状态、价值取向和行动态度的综合体现，是主观意识的一种重要的表现形式。警员在警务实战行动中，要具有计划性和全局性，这就要求参战的警员必须具备良好的作风，主观意识上要严格执行计划，服从上级指挥，以全局行动为重，杜绝个人盲目蛮干行为，这样才能保证行动计划有条不紊地实施。在训练过程中，应把警务实战意识的培训和作风的训练有机结合，将作风训练融入战术训练环节，协同发展，切实培养出一支作风优良、敢打必胜的执法队伍。

第二章 格斗基础训练

　　格斗基础训练的目的是使实战中的手法、步法配合巧妙、灵活多变、运用自如，以下动作是基础训练，简单、易练，习练者若长期坚持练习，自然会体会到其中奥妙。

第一节　胸前抓腕冲拳

【动作特点】

抓腕冲拳是直拳击打，最直接，简单、实用、易练。

【动作过程】

（1）预备势：练习者立姿，左脚向左侧开步，距同肩宽，头往上顶，双手抱拳于腰间，拳心向上，两膝自然弯曲，气沉丹田；目视前方（图3-1~图3-3）。

图3-1　　　　　　　　图3-2　　　　　　　　图3-3

（2）右拳从腰间向胸前直冲，成立拳，左拳在腰间。然后右拳变掌，抓拧变拳收回腰间，同时左拳往胸前直冲，成立拳（图3-4、图3-5）。

如此反复8～16次。

（3）还原成高马步桩功势（图3-6）。

图3-4　　　　　　　　图3-5　　　　　　　　图3-6

【动作要求】

动作协调，转髋拧腰，冲拳力要顺达，力点达于拳面，抓拧变拳动作缓慢用力，练习臂内力，呼吸自然顺畅。

第二节　胸前左右绕腕

【动作特点】

胸前绕腕，对称揉腕，是手臂压绕对方手臂用于直接防守化其力的方法，分单手、双手化解，可采用进步、退步方法与手臂结合防守。

【动作过程】

（一）内绕腕

（1）预备势：两手臂平伸，手掌侧立，手心相对（图3-7）。

（2）内揉腕，两手掌向上挑，手指向上（图3-8）。

（3）以腕关节为轴，两手掌向内，掌指相对（图3-9）。

（4）接上势，掌指向下，外绕，掌心向外（图3-10、图3-11）。

（5）承上势，继续绕腕，成两手掌指向上；目视前方（图3-12）。

旋转一周360°为1次。如此反复8～16次。

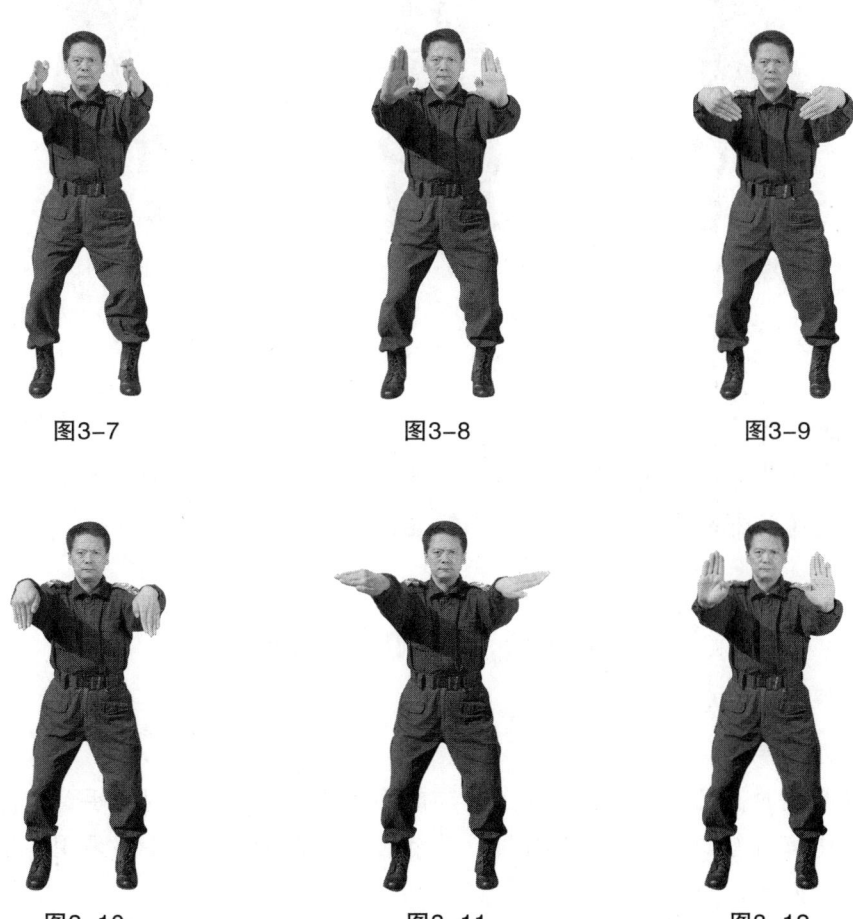

图3-7　　　　　　　　图3-8　　　　　　　　图3-9

图3-10　　　　　　　　图3-11　　　　　　　　图3-12

（二）外绕腕

（1）预备势与图3-7、图3-8相同。

（2）与内绕腕方向相反，两手掌向外上旋转，手心向外前方，再向下旋转，手掌心向内，手掌继续向下、向内、向上旋转，手指向上；目视前方（图3-13~图3-15）。

旋转一周360°为1次。如此反复8~16次。

图3-13　　　　　　　　图3-14　　　　　　　　图3-15

【动作要求】

绕腕动作协调，腰部微转控髋，力要顺达，力点达于手腕，手腕动作缓慢用力，可练腕部内力，呼吸要自然顺畅配合。

第三节　胸前内外绕肘

【动作特点】

胸前绕肘，对称揉肘，是肘关节与前手臂相互配合压绕对方手臂，用于直接防守化解对方的力量，以单绕臂、双绕臂练习为主，实战中可采用闪步、进步、退步方法，简单、易学。

【动作过程】

（一）胸前绕肘防守

（1）预备势，如图3-7、图3-8所示。

（2）两手掌向内，以肘关节为轴，向内旋转外翻成两掌掌心向外（图3-16、图3-17）。

（3）两掌前伸，手指往前，内旋，手指往下，再内旋，手掌背向外翻。然后还原成立掌（图3-18~图3-21）。

如此反复8~16次。

图3-16   图3-17   图3-18

图3-19   图3-20   图3-21

（二）内翻腕绕肘练习

（1）预备势，如图3-7、图3-8所示。

（2）两臂伸直，双腕内旋，带动肘关节随掌向外侧旋转，随即两手掌继续向内旋转成侧立掌，目视前方（图3-22、图3-23）。

如此反复8～16次。

图3-22

图3-23

（三）外翻腕绕肘练习

（1）预备势，如图3-24所示。

图3-24

（2）两臂伸直，双腕外旋成掌心向外，带动肘关节，两掌内旋成掌心向内，掌指向下（图3-25、图3-26）。

（3）两手掌外旋，翻腕旋转一周，成掌心向外，掌指向上（图3-27）。

如此反复8～16次。

图3-25　　　　　　　图3-26　　　　　　　图3-27

【动作要求】

动作要柔和，手掌、腕关节、肘关节的转动要配合协调、自然。长期进行胸前绕肘防守、内翻腕练习和外翻腕练习，手臂肌肉会富有弹性，利于与对方接手。

（四）反击掸手

【动作特点】

胸前掸手，是肩关节、肘关节、腕关节、手掌指的一致发力练习，有顺达手臂的劲力和协调的作用。掸手有闪步掸手、进步掸手、退步掸手等，击打效果强。

【动作过程】

（1）预备势，如图3-24所示。

（2）左手臂放松往下，以左肘关节为轴，前臂内旋，手指往下；同时右手臂往前伸掌（图3-28）。

（3）随即右手臂放松往下，以右肘关节为轴，前臂内旋，手指往下；同时左手臂往前伸掌（图3-29）。

（4）接上势，左手臂内旋，以左肘关节为轴，手掌往下绕肘、绕腕；同时右手臂内旋往前伸掌；目视前方（图3-30）。

（5）承上势，右手臂以右肘关节为轴内旋，同时身体往右转，左手臂内旋往前伸掌掸击，手指往前；目视前方（图3-31）。

如此反复8～16次。

图3-28　　　　　　　　　　　图3-29

图3-30　　　　　　　　　　　图3-31

【动作要求】

以腰为中轴，髋部内转动，绕腕、掸手、顺腰动作要协调、顺达，力点达于手指，开始动作缓慢，呼吸自然。

第四节　胸前推抓回拳

【动作特点】

推、抓、收动作缓慢，肌肉紧张、用力，配合呼吸，简单、易学。

【动作过程】

（一）抓推撞拳

（1）预备势：双手抱拳收于腰间；两脚开立成高马步桩功势（图3-32）。

（2）拳变掌用力往前伸，手指向前；目视前方（图3-33）。

图3-32　　　　　　　　　　　图3-33

（3）两掌变爪，爪心向前。然后左爪变拳回收于左肩前上方，同时右爪变拳向正前方击打（图3-34~图3-36）。

如此反复8~16次。

图3-34　　　　　　　　图3-35　　　　　　　　图3-36

（二）推抓击打

（1）预备势：用右手推抓（图3-37）。

图3-37

（2）左拳变爪前抓击打，反复练习（图3-38～图3-41）。

如此反复8～16次。

图3-38　　　　　　　　　　　图3-39

图3-40　　　　　　　　　　　图3-41

【动作要求】

意、气、力合一，手背自然放松、协调，由慢到快练习。

（三）推手双抓

【动作特点】

双推、回抓动作要缓慢，肌肉要紧张、用力，用胸式呼吸，动作配合呼吸，练气、练内力，胸腔气满，锻炼肺活量。

【动作过程】

（1）预备势：双掌向前推抓（图3-42）。

（2）双爪收回胸前变拳（图3-43、图3-44）。

（3）双拳变爪收回胸前方，再变掌，双手臂内旋自然往下慢慢导气（图3-45）。

如此反复8～16次。

图3-42

图3-43

图3-44

图3-45

【动作要求】

动作慢练，可用内力，上下协调，呼吸自然。

第五节 弓步旋转抡臂

【动作特点】

以肩关节为轴，握拳旋转360°。

【动作过程】

（1）预备势：成左弓
步（图3-46）。

（2）左手抓右肩右臂
向后、向上、向前、向下、
向后旋转360°（图3-47、
图3-48）。

如此反复8～16次。

图3-46

图3-47

图3-48

（3）身体向右后转180°，成右弓步，用右手抓左肩，左手臂向后、向上、向前、向下、向后旋转360°（图3-49~图3-52）。

如此反复8~16次。

图3-49   图3-50

图3-51   图3-52

【动作要求】

动作由慢到快，旋转右肩关节时，用左手掌按压右肩关节；旋转左肩关节时，用右手掌按压左肩关节，这样可以保护关节。

第六节　双手回抓掸手

【动作特点】

胸前回抓掸手绕臂，是肘关节与手腕相互配合，可击打对方面部或缠绕对方手臂化解对方的力量，是一种柔和的手臂练习方法。

【动作过程】

（一）双手下压回抓掸手

（1）预备势：自然站立，两手臂平伸，手掌于胸前掌心相对，相距约同肩宽（图3-53）。

（2）手掌心内旋、向外往前翻臂伸出（图3-54、图3-55）。

如此反复8～16次。

图3-53　　　　　　　　图3-54　　　　　　　　图3-55

（二）双手上挑回抓掸手

（1）两手臂内旋，掌心向外止于腹前，用力往回收掌（图3-56、图3-57）。

（2）承上势，两手内旋往前上方伸出，掌心向外，手背相对（图3-58）。

（3）两掌手心向上往胸部回收，以肘关节为轴内旋，手指向下，手掌背相对（图3-59）。

如此反复8～16次。

图3-56　　　　　　　　　　　图3-57

图3-58　　　　　　　　　　　图3-59

（三）左右旋臂掸手

（1）预备势：自然站立，两手自然前伸，手心相对，如图3-56所示。

（2）左手臂内旋下回，右手臂外旋前掸，然后右手臂内旋回收下压，同时左手臂前掸（图3-60、图3-61）。

（3）接上势，腰向左转的同时，左手臂内旋下压，右手臂外旋前掸（图3-62）。

如此反复8~16次。

图3-60

图3-61

图3-62

（四）左右旋臂超手

（1）预备势，如图3-56所示。

（2）左手臂内旋，手往前伸，手指向前，手心向外；同时右手掌收于胸前，腰部向左转动（图3-63、图3-64）。

图3-63

图3-64

（3）承上势，腰部向右转动，同时左手臂外旋，随身体移动置于腰左前方，手心向斜上方，右臂内旋，手心向外，手指向前，手心向斜上方（图3-65）。

如此反复8～16次。

图3-65

【动作要求】

动作由慢到快。旋臂超手要配合腰的转动，手臂如同云手，云手中前面的手可用掸手，它是一鞭打的动作，是上乘功夫。旋臂掸手是练听力感觉的功法之一，与前超手、后超手是近敌摔、擒、靠、击的高级用法，手法熟练后，可配合步法的训练，达到运用自如、变化无穷。

第四章　大力金刚功训练

　　大力金刚功是中国传统武术优秀功法之一，简单、易学，内外兼修、激发潜能，训练的目的是在实战中让拳法、肘法、腿法、膝法发出有劲力，发力时达到"快、准、狠"，力透对方。

第一节　练习金刚功须知

一、功法作用

　　大力金刚功是以静中得气，根据人体内存在的对立统一的阴阳循环规律进行自我调节、自我控制的一种健身强体运动。此功法内外兼修，刚柔合一，可用于提高自由搏击的技击功底。通过练功，可使内三合（精、气、神）与外三合（眼、手、身）紧密协调起来，形成全身百骸、筋力、肌肉、血液循环及精、气、神的统一"行动"，促使人体内在潜能的激发，其作用有：

　　（1）此功采用在身体松静自然的前提下，用鼻子呼吸的方法。鼻自然呼吸始于丹田，随着练功时间的增长，会使练功者的呼吸逐步由浅入深，由深变柔，由柔变细，由细变匀，由匀变长，增强肺部气体的交换能力，从而促进各组织细胞发达，改善呼吸系统的功能，并可使五脏六腑和胸部的扩张运动得到有益的锻炼。

　　（2）练习金刚功，可使副交感神经功能相对增强，周围血管扩张，血压降低，还可以提高消化系统的功能，消除胃肠积气，保持大便疏通，预防消化系统疾病。

（3）长期练功，对疏通气血、打通经络、促进血液循环有良好作用。能促使小血管扩张，红细胞内含铁量增高，使肌纤维变粗，收缩能力增加。用于技击时，即可意到、气到、手到而力到。练习大力金刚功可使身体越练越健壮，内气充盈，并为擒拿格斗、发气制敌打下坚实的基础。

二、练功要求

（1）练功时要精神集中，保持心静、心情舒畅，做好思想和身体的准备。

（2）不要急于求成，功到自然成。推掌发力由慢到快，步法、桩功时间由短到长，单臂撑次数逐步增加。

（3）练功宜在空气清新、环境幽雅之处进行。刮风下雨则在室内练习为佳。

第二节　金刚功功法

一、四平马桩

身体正直；两脚平行，间距略宽于肩，屈膝下蹲，大腿微平；头顶百会，下颌内收，口轻闭，舌尖微抵上腭，两眼自然平视正前方；腹实胸宽，意守丹田，坐髋沉气，提肛敛臀收阳；两膝略内扣，脚趾抓地；身体自然中正，重心在两足涌泉穴连接线之中点上；两臂屈肘收抱于腰间，呼吸自然。静息数分钟，使周身逐渐发热，为下步功法练习做好准备（图4-1）。

【动作要求】

脚趾抓地坚实如盘，头领身正，气沉丹田。

注意：功架强度较大，练习时间的长短可根据个人的功底状况来决定。初步练习，可先采用两脚距离较窄、身体略高的半马步姿势；同时两手前抱于腹前，或意守丹田或意守劳宫穴发放"功气"以健体、筑基。待腿力有所增强后再练马步。在练习过程中，由于腿部肌肉高度紧张，会出现抖动现象，此时应做一下调整，休息后再练习。

图4-1

二、翻江倒海

（1）接上势。身体右拧，再向前转，用全身抖劲将两拳变掌向体前推出。掌指向上，成侧立掌（图4-2）。

（2）两臂用力慢慢外旋，掌心向上，两臂慢慢收于胸前，然后两手背慢慢内旋向两侧用力推出，意想手掌向两侧推出重物（图4-3）。

（3）动作不停，两掌缓慢用力外旋，掌心向上，两臂上托举，手掌变拳收于胸前，拳心向下，力贯手臂（图4-4、图4-5）。

图4-2

图4-3

图4-4

图4-5

（4）动作不停。两拳变掌向两侧外旋划弧，用力收止于胸部（图4-6）。

图4-6

【动作要求】

向前推掌时，发力要猛、狠；练习时，呼吸自然；回抓时要用内力；用鼻吸气入中丹田时，以小腹吸气上提之方法，"气达胸，力达臂"，使功力聚达于臂部。

注意：初练时，推力不宜过猛，要用力慢慢推、慢慢收。单势动作可练习3组，1组8～10次。

三、马步推抓

（1）成马步势。两掌变爪上提于胸前，随即两爪用力握变成拳，左臂内旋，拳心向外，肘往左撑，同时右拳边变爪边用力向右侧慢慢平推抓；目视右手（图4-7、图4-8）。

图4-7　　　　　　　　　　图4-8

（2）动作不停。右爪外旋，爪心向上慢慢回抓至胸前变拳，手臂内拧拳心外翻；左拳变爪用力慢慢向左侧平推抓；目视左手（图4-9、图4-10）。

（3）动作不停，左爪变拳，拳心向上，用力慢慢收回于胸前，拳心向外（图4-11）。

图4-9　　　　　　　　　　　　　　图4-10

图4-11

【动作要求】

左式、右式平推爪为一口气。如此反复8～10次。

四、苍鹰捕兔

（1）预备势：四平马桩，如图4-1
所示。

（2）接上势，两拳慢慢提起到胸
部，向外翻，拳心向外（图4-12）。

（3）身体右转变右弓步，两拳变
爪向左右平推，爪心向外（图4-13）。

（4）两臂上举，爪心向上，往躯
体前下方下抓，然后两臂外旋，爪心向
上，缓慢用力向胸前收回变拳；目视前
方（图4-14~图4-16）。

图4-12

图4-13

图4-14

图4-15

图4-16

（5）身体左转成四平马步，两拳内旋，拳心向外；目视前方（图4-17）。

（6）身体左转成左弓步，同时两拳变爪用力向左右两侧推出，然后上举，爪心向上；目视前方（图4-18、图4-19）。

图4-17

图4-18

图4-19

（7）两爪从上往下抓，然后手臂外旋，爪心向上，慢慢用力变拳收于胸前；目视左前方（图4-20~图4-22）。

（8）上动不停，身体向右转，成马步，两拳心翻转向外（图4-23）。

图4-20

图4-21

图4-22

图4-23

五、金刚捶

以右手为例。右手抓气，五指慢慢用力卷紧，用右拳面触地；左拳握紧，左臂往上伸直；左脚触地，右脚搭在左脚上；身体挺直；力点在右拳和左脚上，身体悬空；目视左拳（图4-24）。

图4-24

【动作要求】

聚精会神，呼吸协调自然，气贯拳面。

注意：久练能使拳头坚硬。还可用手指撑地，随着功力增长，逐渐减少到一指触地，即一指金刚法。该功为外壮硬功，属阳刚之功，练习精纯，一指到处，触人身则立见成效，非至万不得已时，切勿轻易伤人。此种功夫与阴手一指禅功有异曲同工之妙。

六、单臂撑

承上势。左拳变掌收于腰部，右臂屈肘，胸部触地，然后用右臂再撑起（图4-25~图4-27）。

图4-25

图4-26

图4-27

【动作要求】

上下起伏一撑为一口气，中间不要换气，每次2~3组，每组10次。

注意：左右臂交替练习，随着臂力的增长，两腿垫物，逐渐上抬高，加大单臂练习的难度，可快速增加臂力。

第三节　童子功

【动作特点】

关节的活动幅度以及肌肉和韧带的伸展能力，即是柔韧性。柔韧性在武术运动中具有很重要的意义，柔韧性好能够更好地掌握技术。

【动作过程】

（一）正压

（1）成站立势，两手掌手指交叉，自然呼吸（图4-28）。

（2）两手掌慢慢上提，内旋外翻，气随手走，上举至头部，手心向上；目视两手（图4-29、图4-30）。

图4-28

图4-29

图4-30

（3）以腰为轴，躯体向前俯，两手掌心触地（图4-31）。

（4）上下反复振动压腿，动作由慢到快（图4-32、图4-33）。

注意：两手上举时，气往上提，慢慢往下弯腰，上下振动时配合呼吸。

图4-31   图4-32   图4-33

（二）左右侧压

（1）接上势，身体往左侧旋转，两手掌往身体左侧下压（图4-34）。

（2）身体往右侧旋转，两手掌往身体右侧下压，目随手移动（图4-35）。

注意：身体左右侧压时，呼吸自然配合转腰。

图4-34   图4-35

（三）抱腿功

（1）自然站立，正面下压时，两手在胸前，两手掌慢慢上提，内旋外翻，气随手走，上举至头部，手心向上，两手臂内旋，掌心向上顶，目视自然（图4-36）。

（2）接上势，以腰为轴，上肢慢慢往下压，同时吸气、收腹，两手用力抱大腿，头腹贴大小腿抱腿折叠（图4-37、图4-37附图）。

图4-36　　　　　　　　图4-37　　　　　　　　图4-37附图

【动作要求】

抱腿时，腿、膝要直，深呼吸，动作缓慢自然。练习时间和强度根据自身条件合理安排。

第四节 弓步冲拳

【动作特点】

弓步冲拳是武术造型的基本功之一，基本功是提高技术水平的根本和关键，长期练习，对步法的稳定、肌肉的协调、力量的增加、上下肢的配合具有重要意义。

【动作过程】

（一）左弓步冲拳

（1）自然站立，两拳抱于腰间；目平视（图4-38）。

（2）跨左腿屈膝成左弓步，右腿蹬直，同时出左拳，自然呼吸，目视前方（图4-39）。

图4-38

图4-39

（3）接上势，往左拧腰，左拳收于腰间，同时出右拳（图4-40）。

（4）承上势，腰往右拧，右拳收于腰间，同时出左拳，目视前方（图4-41）。

图4-40　　　　　　　　　　　　　图4-41

（二）右弓步冲拳

（1）还原成站立势，两拳抱于腰间，目平视（图4-38）。

（2）跨右腿屈膝成右弓步，左腿蹬直，同时出右拳，目视前方（图4-42）。

（3）接上势，往右拧腰，右拳收于腰间，同时出左拳（图4-43）。

（4）承上势，腰往左拧，左拳收于腰间，同时出右拳，目视前方（图4-44）。

如此反复8~16次。

图4-42

图4-43　　　　　　　　　　　　　图4-44

【动作要求】

弓步冲拳时，左右连环，动作连贯，力要顺达，由慢到快呼吸自然，头往上顶，气往下沉，重心平稳。弓步冲拳可原地练习或行进间练习等。

第五节　一禅罗汉功

【动作特点】

一禅罗汉功是武术童子功之一，是练柔韧、肌肉和毅力的重要基本功法。

【动作过程】

以右竖叉势着地为例，上体侧仰，躯体贴近大腿，屈右肘关节，右手握拳用拳面顶头侧部右太阳穴；屈左肘关节，左手握拳用拳面顶头侧部左太阳穴，右肘关节贴近右腿，自然呼吸（图4-45）。

图4-45

【动作要求】

右竖叉势与左竖叉势交替练习，时间由短到长，循序渐进，踢腿、控腿、压腿相互结合。

第六节 侧身防卫势

【动作特点】

马步侧身防卫势是一种攻防动作的基本功，练习攻防意识、手、眼、身法、步的配合。

【动作过程】

侧身马步势：左手内旋，手心向外，手指自然散开；右臂自然屈肘，手掌立于胸前；目视前方（图4-46、图4-46附图）。

图4-46   图4-46附图

【动作要求】

左右交替练习，步法可前后移动、左右移动，上下相随，眼随动作，目视前方。

第七节　铁牛耕地

【动作特点】

铁牛耕地是练习手臂金刚捶、金龙爪、二指禅指力、腰部之力，同时练习周身关节之灵活。

【动作过程】

（一）金刚捶铁牛耕地

（1）双拳握紧撑地支撑，两腿后伸，目视前下方（图4-47）。

（2）身体往后移，屈腿（图4-48）。

图4-47

图4-48

（3）接上势，头往前下方、上方拱伸，弓身，抬腰，手臂支撑（图4-49~图4-51）。

如此反复8~16次。

图4-49

图4-50

图4-51

（二）金龙爪铁牛耕地

与金刚捶耕地动作过程相同，唯以五指撑地（图4-52）。
如此反复8~16次。

图4-52

（三）二指禅铁牛耕地

（1）用手四指支撑练习，俯卧撑、铁牛耕地（图4-53）。
（2）用手三指支撑练习，俯卧撑、铁牛耕地（图4-54）。
（3）用手二指支撑练习，俯卧撑、铁牛耕地（图4-55）。

图4-53

图4-54

图4-55

【动作要求】

动作由慢到快，次数由少到多，先练金刚捶、金龙爪再配合练铁牛耕地。练习金龙爪由五指支撑，逐渐减少手指的支撑，直到二指支撑。

第五章　浑元一气按莲功

浑元一气按莲功也称"玉女按莲"，简称按莲功。它是一种隔软打硬、出手无形、力透脏腑，有助于技击上乘功夫的不传之秘内传功法。不同于击打千层纸、打沙袋、打木桩、金刚捶等功法，按莲功一是练习意、形、力三整劲；二是练习内、外牵力之劲，练天地人三才合一、按掌与撞击之巧力；三是练习以硬接硬，以硬接柔，以柔接硬，以柔打柔之力，以内力作用到外力，形成一种透劲。要掌握上乘技法的运用，需配合峨眉高级功法"按莲功"的修炼。

第一节　功法原理

玉女按莲是中国传统武术功法峨眉拳上乘内手功夫，到此功法时，丹田之气已疏达于身形之四梢，即上梢百会、下梢涌泉、前梢劳宫或指端、后梢肘尖，四梢相撑，使身形处于浑元圈内，形成浑元之气，并以此气之整力去练习按莲功的一种功法。它不讲究丹田，若要讲丹田，则把整个人视作一个大丹田，以求浑元之气、全身之力集中于一点，凝神贯注，从容应变，以求内在的精神力量。开始时诱导练习，达到炉火纯青时浑元之气自然而来。要求一是身体放松，只有放松全身筋骨，才能使动作敏捷，反应迅速，松而不懈、紧而不僵，自然前视，意随前手，多用于技击。二是保持呼吸通畅，体内氧气靠呼吸供给，只有保持呼吸通畅，体力才能维持长久。三是要有意无意练"按莲"，使自己处于一种美好的心物合一的状态之中。

前顶（推）、后撑、上起、下伏、左移、右闪，自然出动以带动整体运动。行不破体、神不外溢、形不露意，力要浑元，气贯周身，周身整劲，自然而然。

第二节　功法作用

玉女按莲功，是自身意念、形体、力量的整体锻炼，四肢与躯干等部位不可分开或偏重练习，即是全身内外的整劲，动作统一，气力统一，念力统一，从而达到身心内外的一致性，进而锻炼身体各个部位。习练玉女按莲功，可健身、强体、充沛体力、修养精神。在技击方面，由于把全身之力集中于一点来打击对方，效果极好，习练者可从中体会技击与养生的美好感受。

第三节　功法特点

此功法内涵深刻，简明易学，习练者只要在碗口粗的树上或在桌子上放数个砖块，将带有大于手掌的长方形厚棉袋放在树上或砖块一端即可按之。习练者要由轻到重，利用其弹力，从中领悟其道理。

（1）全身上下、前后、左右、内外力梢相撑，形成一个整体，即头部百会上领，脚往下拔，左手牵，右肘拉，收腹，拔腰背，使内脏之气体充实，外筋骨之柔而含刚。四梢相撑，浑元之气，整个人体成为一个大丹田。

（2）吸气时，蓄力至丹田，气畅周身；按掌时呼气，气到掌梢或劳宫。呼吸快慢要配合动作快慢。掌功按掌均为无意发力之式，无意发力为真意。

（3）按掌时以意领气，从丹田发至掌指再到掌根，发吐气之"嘿"声。胸腔往上提，膈肌紧张，起到保护内脏之作用。如加大力量时，不要发声，气慢慢吸，用鼻往外"喷气"，要短促有力，气往上顶，保护头部不震动。

第四节 动作说明

一、陈势

步宽于肩，自然站立，左脚外展45°；手臂伸直，与肩同高。左掌五指撑开，成侧立掌，右掌五指撑开置于裆部；眼睛从左手掌心向前看（图5-1）。

图5-1

【动作要求】

全身放松，自然呼吸，头往上领，脚往下拔，左手梢牵，右手梢拔，意念加长于前手梢3分钟，手臂出现酸、胀加长之感，这是意念之力的作用。左手臂收回，静息约数分钟，神内敛，头脑清晰，如温水淋到面部之感觉。然后，再换右掌臂前伸，要领同左手臂势。

【技击原理】

前手臂伸长，设敌于障碍，难敌之进，利己之攻，万式皆可藏于一式之中。而发放的外手之气作用于对方，给其造成一种威胁。所以，经常练习陈势，有促进技击与养身的积极作用，意想整个人体是一个大气球，"人天地混合一体，造天夺地之化奇"。

二、峨眉桩

由陈势开始。右脚向后撤步，两脚前后宽于一大弓步，两膝内扣，左脚尖翘起，右脚内扣。左手臂前伸，掌心向下，右臂屈肘置于体前，掌心向下。自然呼吸，静息约数分钟（图5-2）。

图5-2

峨眉桩分为静法、动法、动静法3种练法。

（1）静法：以峨眉桩势摆好姿势，安静地调息、调意、调整五脏六腑，加强内功修炼，打通十二经络奇经八脉，即打通大周天、小周天。

（2）动法：动桩功为行进间练习，前脚抬起，后脚脚跟蹬地自然跟步，利用全身之重量向前撞击前手。在技击中，用于顶撞对方心胸部。有专门的训练方法。

（3）动静法：峨眉桩静桩，以身体前后移动来带动整体的移动，意念作用在前手指梢，练成之后，可随意移动，能攻能守，可谓上乘功法。

动桩功同动法。

三、争掌势

起势同图5-1。

成峨眉桩势。左手掌背伸，掌指向上，意在指梢或劳宫，臆想把对面树木击倒，自然呼吸，约数分钟（图5-3）。

呼气时，气从丹田行走至左胸部，到左手臂内侧，再到手掌，然后从手掌发气到对面树木，臆想气入树木（注视树的某个点）往下行走到树根入地。随后气从地面反射到右脚（右腿），再到大腿，经腹部气环丹田。开始慢练，特别是初学者，要多加体会，入了门，可控制气行走的快慢，即为学习更高级别的峨眉拳技法打下了基础。

图5-3

四、牵掌势

起势同图5-1。

成峨眉桩势。左手臂伸平，右手置于左臂内侧，两掌心向下，掌指端向前，徐徐呼吸入丹田，呼气到指端，臆想将对面树木击倒，约数分钟（图5-4）。

图5-4

五、插掌势

（1）接上势，左脚向前跨步，脚跟着地，前脚掌顺势落地缓冲，右脚跟离地，力贯左掌指端向树木插出，右掌向下按，鼻子往外"喷"气（图5-5）。

（2）上动不停，左手掌猛往前按，身体自然弹回原处（图5-6）。

如此反复8次。

图5-5

图5-6

六、按撑势

起势同图5-1。

（1）成峨眉桩势。左手臂伸直，五指散开，成立掌，右臂向下伸直，手背屈伸，掌心向下撑，徐徐吸气于丹田，呼气时意至左手指端，手掌与树约一尺距离（图5-7）。

（2）接上势，左脚向前跨步，脚跟着地，右脚跟离地，自然跟进，左手掌内旋下沉猛向树按击，右手掌下撑，顺弹性还原（图5-8）。

如此反复8次。

图5-7

图5-8

七、技击掌功练习

1. 掌功左闪打

起势同图5-1。

右脚快步向右前方迈出,左掌打树木,右手握拳置于腰部(图5-9)。

图5-9

2. 掌功右闪打

起势同图5-1。

身体向右前方闪开,左脚向左前方跨步;同时,身体左转,右掌去打树木,左拳收于腹部(图5-10)。

图5-10

3. 掌功掸手

起势同图5-1。

（1）右脚后跨成峨眉桩势，左手臂下沉高于腹部，右手置于腹部，两手向上、向里、向下、向前进行掸手（图5-11）。

（2）上动不停，身体向左转，左脚向前跨步；同时，左手向后置于胸前，右手掌背指向树木弹击（图5-12）。

图5-11　　　　　　　　　　　　　　　　　图5-12

第五节　练功事宜

（1）开始练习时，用力要由轻到重，次数逐渐增加，速度逐渐加快，循序渐进。

（2）按掌、喷气或发声要同时进行，合在一个点上，内外、动静相兼，协调统一。

（3）随着熟练程度提高，按掌与树木之间的距离慢慢拉开，由近到远击打。

（4）练完掌功后，成自然站立势，静息调身片刻，双手从体侧捧气上举至百会，然后徐徐下行至体前，意念从上、中、下丹田至涌泉。

第六章　大力鹰爪功

武术中的功法练习多认为吞为退，吸为蓄劲；吐为进，呼为发力。峨眉拳则认为吞有吞力，吐有吐力，皆可着力。这里介绍的大力鹰爪童子功是专门练习吞力的一种功法，坚持练此功，不但可使功力大增，还可对防治某些疾病有良好功效。

第一节　功法原理

大力鹰爪功，简称"抓功"。本功法所求的力是吞力，气在中丹田，即胸骨后剑突下膻中穴的位置，可增强躯体内力。吞力多用于擒拿，为回擒之力，吐力多用于发人，为击敌之力，二力不可偏废，皆应修习。本功法就是专门练习吞力的一种功法。

第二节　功法特点

（1）练习本功法时，并不是吸气时蓄力，吐气时发力，恰恰相反，是要在吸气时用力，吐气时卸功。对于这一点，初学者必须要弄明白。

（2）此功法主要用于擒拿。常习此功可使臂如鹰翼、指如钢钩，再习擒拿术可收事半功倍的效果。

（3）此功法有摧骨开窍、强筋健骨之功效，两臂做展开动作时，由于内力的摧动，会从根关节向梢关节咯咯作响，回抓时则相反。所以，久习此功，可祛病延年、强身健体。又因其适合于体格强健、阳气充盈的青少年练习，故名童子功。

第三节 动作说明

一、预备势

两脚开步自然站立，约同肩宽，两臂自然下垂，全身放松，自然呼吸。静息数分钟，待身体进入松静状态后，即可进入下一步功法练习（图6-1、图6-2）。

图6-1

图6-2

二、开功势

（1）两臂由两侧平伸举起，前臂外旋，慢慢从身体两侧上举，至两掌心相对时从上往下经身前之正中线下落至小腹部，掌心向下；同时，开始以鼻徐徐吸气入中丹田，循环3次（图6-3~图6-5）。

此时全身放松，以鼻徐徐出气一次。

图6-3

图6-4

图6-5

（2）提气，两手握拳，两臂由两侧平伸举起，开大马步，两手手指成鹰爪状慢慢向两侧推出（图6-6~图6-8）。

此开势功法做完后，即可进入下面正式功法练习。

图6-6

图6-7

图6-8

【动作要求】

（1）做两臂上下按落动作时，不宜过快或过缓，快慢相宜、徐徐不断即可。

（2）在以鼻吸气入中丹田时，小腹要同时内吸上提，使上气下意吸提并聚于中丹田，只有这种呼吸方法，才能将功力聚达于双臂，练好大力鹰爪功。

三、马步推抓

右势

（1）接上势，成马步，两臂用力交叉于胸前，拳心向内，随后，两爪向两侧用力推出（图6-9、图6-10）。

（2）接上势，两臂用力交叉于胸前，拳心向内，右爪用力向右推出不动，左爪屈肘至左肩前；目视右爪（图6-11）。

图6-9

图6-10

图6-11

左势

（1）上动不停，右爪变拳收回至右肩前，同时左爪用力向左推出
（图6-12~图6-14）。

图6-12

图6-13

图6-14

（2）目前视，两掌五指成鹰爪状，掌心向前平伸推出（图6-15）。

（3）上动不停，掌心向上，五指慢慢抓回至腰腹前（图6-16）。

图6-15　　　　　　　　　　　　　　　图6-16

【动作要求】

做两臂向两侧展开动作时，肩关节向梢关节会略咯作响，此谓摧骨开窍，久习即可得之。抓回时同样作响，唯顺序相反。

关门势

（1）上动不停，两臂向两侧后展上举，掌心向下，继而两臂内旋变掌心相向举至头顶上方。上动不停，两掌掌心向前下落至两侧耳后，再平伸抖动用力向前推出（图6-17、图6-18）。

图6-17　　　　　　　　　　　　　　　图6-18

（2）上动不停，两臂外旋变掌心向上，两掌变爪用力抓，回收至胸前握拳（图6-19）。

（3）前臂内旋变拳心向下，两拳变掌，指尖相对，掌心向下，两肘弯曲成关门势（图6-20）。

此时全身放松，以鼻徐徐出气一次。

图6-19

图6-20

【注意事项】

每一节抓功的全过程都在徐徐吸气，只在最后关门势时才全身放松出气一次。以下各节均同。

四、弓步推抓

左势

（1）接上势，开马弓步；同时，右爪向外平伸徐徐推出，目右视推爪（图6-21）；同时，开始以鼻徐徐吸气入中丹田。

（2）上动不停，右爪向下如捞物状经右下、身前下方用力慢慢抓回至胸前，两肘平架，爪指相对（图6-22）。

图6-21　　　　　　　　　　　　图6-22

右势

同上势，唯方向相反（图6-23、图6-24）。

图6-23　　　　　　　　　　　　图6-24

关门势

（1）接上势，双掌收于胸部再向下落至胯两侧，上动不停，两臂向两侧上举，掌心向下。上动不停，两掌掌心向前下落至两侧耳后，再变爪平伸抖动用力向前推出（图6-25～图6-27）。

图6-25

图6-26

图6-27

（2）上动不停，两臂外旋，两掌用力抓回收至胸前握拳（图6-28）。

（3）前臂内旋变拳，拳心向下，两拳变掌，指尖相对，掌心向下，两肘弯曲成关门势（图6-29）。

此时全身放松，以鼻徐徐出气一次。

图6-28   图6-29

五、单手托天

右势

（1）接前关门势，右臂右掌指向头顶上方，双膝伸直；同时开始以鼻徐徐吸气入中丹田（图6-30）。

图6-30

（2）上动不停，直臂，俯身，右掌下落至前方如捞物状，掌心向下（图6-31）。

（3）上动不停，右手五指勾拢变爪如霸王恨地无环状，用力抓握提起至胸前，随即握拳收回腰间（图6-32、图6-33）。

图6-31

图6-32

图6-33

左势

与右势动作相反，左手插、抓、提（图6-34~图6-39）。

图6-34

图6-35

图6-36

图6-37

图6-38

图6-39

关门势

同前关门势（图6-40~图6-42）。

此时，全身放松，以鼻徐徐出气一次。

图6-40

图6-41

图6-42

六、双手托天

（1）接上势，掌心相对，掌指向上插至头顶上方时两前臂内旋向上成双手托天式，两膝随之伸直。上动不停，两臂伸直，上身前俯，两掌向下如捞物状；同时开始以鼻徐徐吸气入中丹田（图6-43~图6-47）。

图6-43

图6-44

图6-45

图6-46

图6-47

（2）上动不停，五指勾拢变爪如霸王恨地无环状，用力抓握提起，随即握拳收回腰间（图6-48、图6-49）。

图6-48

图6-49

关门势

同前关门势（图6-50~图6-54）。

此时，全身放松，以鼻徐徐出气一次。

图6-50

图6-51

图6-52

图6-53

图6-54

七、苍鹰回首

左势

（1）接上势，成右弓步，目左视，双拳变爪向左右平伸缓缓推出（图6-55、图6-56）；同时，以鼻徐徐收气入中丹田。

（2）上动不停，双臂托天，掌心向上（图6-57），随即俯身，两臂经体前落至右脚前（图6-58），外旋手臂仰掌微停，随后起身，屈肘握拳收于胸前（图6-59、图6-60）。

图6-55

图6-56

图6-57

图6-58

图6-59　　　　　　　　　　图6-60

（3）接上势，左转变马步；同时，两肘平架，拳面相对（图6-61）。

右势

关门势同左势，唯方向相反（图6-62~图6-66）。

同前关门势（图6-67~图6-70）。

此时，全身放松，以鼻徐徐出气一次。

图6-61　　　　　　　　　　图6-62

图6-63　　　　　　　　　　图6-64

图6-65

图6-66

图6-67

图6-68

图6-69

图6-70

八、缠丝势

（1）接上势，双手向两侧，随后平推，向上作托天状（图6-71、图6-72），同时开始以鼻徐徐吸气入中丹田。

图6-71　　　　　　　　　　图6-72

（2）接上势，两臂从两侧下落至胸前，如合抱捞物状（图6-73、图6-74），随后，握拳左臂交于右臂上（图6-75、图6-76）。上动不停，左拳拳心向下，右拳拳心向上，右拳上提，左拳下撕，两拳交叉拧撕（图6-77~图6-79）。

图6-73

图6-74

图6-75

图6-76

图6-77

图6-78

图6-79

关门势

同前关门势（图6-80~图6-83）。

此时，全身放松，以鼻徐徐出气一口。

图6-80

图6-81

图6-82

图6-83

九、收功势

（1）接上势，自然站立，两手慢慢向上捧起至头上方，随后经面前、胸前下落至身体两侧（图6-84~图6-86）。

（2）两腿并扰自然站立，以深长自然呼吸静息数分钟（图6-87）。

图6-84

图6-85

图6-86

图6-87

第四节　练功事宜

（1）因此功法在每节左右势的练功过程中是只吸一口气的，而且一吸到底，只是在关门势才呼气一口，所以吸气时一定要深长匀细，不要一下子将气吸满，有时不真吸气，只有吸的意也可以，注意不要憋气，以免影响练功效果。

（2）为了加强回抓的吞擒之力，练功时可以三吸并用，即"气往内吸，意往内吸，力亦内吸"，这样功力才大。

（3）对于初学者，如果不能在一口气中将整节动作完成，可每半式呼吸一次。

（4）本功功力强，上功快，较适合青少年练习，年老体弱者练习此功时须只用其意，少用其力，不要憋气，以能达疏通关节、增强体质的目的就行了。

第七章 排打硬气功

排打硬气功，是峨眉功法内功、外功练习的有机结合。内功练到一定程度以后，硬气功会自然地因内功充实而功成。内功通过形体、呼吸、意念的运作使内气运聚，形成动力核心，并借此运力，发动体内真气产生爆发力，从而提高人体承受力和抗打力，即硬气功。

排打硬气功共有四种功法：一是"丹田功"，也称气散功；二是"背腹功"；三是"胸肋攻"；四是"浑元功"。排打硬气功的磨炼要经过三个阶段：首先，练其形似，使动作协调、连贯、准确，即反复地练习体验，形成正确的动作动力定型；其次，练气自然畅达，每一个动作与呼吸协调配合，使呼吸与动作有机地结合在一起，达到以气催力、以力助势，形、气、力、势四合一的效果；最后，用意领气，是前两阶段功夫的升华，练功者能够承受较大外力打击而安然无恙。

第一节　功法作用

一、强身健体，促进身心健康

本功法具有调整阴阳、畅通气血、疏通经络、培益真气、坚固内脏的作用，使得生命得以旺盛，适合所有人练习。

二、增大力量，提高速度、耐力、灵巧和柔韧等身体素质

本功法可促进呼吸、消化及血液循环，提高神经系统机能的应激能力和稳

定性，使手、眼、身（法）、步敏捷，配合协调，调节和改善人体机能，从而使身体各系统得到健康均衡的运行。

三、锻炼顽强的意志

练习功法必须主动自觉地调节内因，即喜、怒、哀、思、悲、恐、惊"七情"的干扰，保持稳定的情绪和愉快的精神，培养良好的心理素质和品德。因此，本功法对磨炼顽强的意志品质大有裨益。

第二节　功法特点

（1）以内气的瞬间爆发来抗击外部力量的打击，是一种可用于自由搏击的实战功法。

（2）功法简单易学，动静结合、刚柔相济，得气快。

（3）练习功法时，在意念的支配下，用不同的发声助力于不同部位，使之产生瞬间的内气爆发力来抗击外部的打击力量。

第三节　功法步骤

一、预备势

身体自然站立，两臂自然下垂于体侧；目视远方（如在室内则可想象远方）；用鼻吸气、呼气（图7-1）。

【动作要求】
呼吸时，要深、细、匀、长。

图7-1

二、静息调整

接上势。两脚开立，以前脚掌为轴，脚跟外旋成内八字形，两脚间距与肩同宽，膝微屈。自然呼吸，全身依次自头部、颈部、两肩、两手逐步放松，接着放松胸部、腹背部、腿部。身体自然站立，神内敛，眼平视。用鼻呼气，气沿任脉经过膻中穴入丹田，意守丹田片刻，静息数分钟（图7-2）。

图7-2

【动作要求】

松静自然，静中思动。导引行气，均匀细长。目无所视，耳无所闻。心境松畅，杂念消失，使心意安定，加强内气的聚集和运行。

三、气贯丹田

（1）接上势。两手臂抬起，腕关节屈折，手心向上，手指相对，两掌置于丹田处。用鼻吸气进小腹，随即用鼻快速有力地将气喷出，使丹田处鼓荡（图7-3）。

（2）两臂屈肘稍抬，两掌置于膻中与丹田之间。用鼻吸气入小腹，随即将气从鼻中迅速喷出（图7-4）。

图7-3

图7-4

【动作要求】

身正、头直、提肛，将气从会阴穴沿督脉提到百会穴，有气感冲头顶的感觉。

四、浑元托气

接上势。两手掌十指成交叉手（图7-5）。两手臂内旋向体前斜上方45°伸臂托掌，掌心向上（图7-6）。翻手掌时吸气，向上托掌、气流到头顶时，用鼻快速有力地喷气。

图7-5

图7-6

【动作要求】

向上托掌时，气流到劳宫穴，气鼓丹田，加强小周天气的运行，使内气充盈。

五、金龟弯弓

（1）接上势。两手臂托天，拉开肋部肌肉，身体往上拔，吸气到胸部（图7-7）。

图7-7

（2）上动不停。两臂屈肘，两手掌经面部、胸部、丹田向下伸臂，掌心向下；同时身体弯曲，两手掌触地瞬间，用鼻往下喷气（图7-8）。

（3）两手臂随身体抬起（图7-9），还原成浑元托天势。随即做"金龟弯弓"，反复演练3次（图7-10）。

（4）接上势。两臂屈肘收置胸前，同时吸气；然后再向体前斜上方托起，用鼻喷气。

图7-8

图7-9

图7-10

【动作要求】

当往下喷气时，两腿要伸直后崩，内气要充实。身体下俯后，用力猛然喷气。

六、二郎担山

接上势。两臂下落于胸前，成交叉势，左手在内，右手在外，两掌心向内，同时吸气（图7-11）。随即两臂向体侧猛然平伸展开，用鼻快速有力地喷气（图7-12）。

反复做3次。

图7-11

图7-12

【动作要求】

两手臂将伸开时，用鼻猛然喷气，动作与吸气、喷气协调配合。

七、排打腹部

（1）接上势。两手掌用力缓慢按下，掌心向下，臆想两手按压两座山，而气往上顶的感觉（图7-13）。

（2）上动不停。两手握拳，然后两手臂内旋下落，从体侧向后伸手臂，拳心向后；同时以腹式吸气至丹田，内气有充实之感，随即用鼻往外喷气（图7-14）。

（3）右拳上举至头部上方，随即以拳心击打丹田；同时用鼻快速有力地往外喷气（图7-15、图7-16）。

左右交替做3次。

图7-13

图7-14

图7-15

图7-16

【动作要求】

加强吸气喷气的训练，使内气充盈。击打腹部要由轻到重，由拳逐渐过渡到用竹把、沙袋、木棒、铁棒等较硬的物体排打。排打后用右拳在小腹按顺时针方向慢慢揉动数次。

八、马步插掌

接上势。右脚向右跨一步，成马步；两手掌置于裆前，手指相对（图7-17）。随后两手背相对经体前正中线往上伸举至面部，同时吸气（图7-18、图7-19）。随即两臂抬高过肩，两手臂内旋，翻掌手背相对，同时吞气、提阳，气往上顶（图7-20、图7-21）。随后两手快速往下插掌；同时用鼻猛然喷气（图7-22、图7-23）。

反复做3次。

图7-17

图7-18

图7-19

图7-20

图7-21

图7-22

图7-23

【动作要求】

马步要稳固，两手掌上行、下插动作要连贯、自然，配合协调。上行吸气，下插喷气。

九、金刚举鼎

（1）接上势。身体抬起，右脚向内侧收腿成自然开立步，两脚尖内扣；两手慢慢往上用力托举至头顶，随即两臂内旋，掌心相对；同时吸气（图7-24）。

（2）两手握拳，快速向下屈肘；同时将气从鼻孔喷出（图7-25）。

图7-24　　　　　　　　　　　图7-25

【动作要求】

两手缓慢向头顶上方托举，臆想举千斤顶；同时丹田之气达于头顶百会穴。喷气后，气贯周身，内气更加充实。

十、双手抱月

（1）接上势。两手臂自然下垂于体侧，拳变掌，随后慢慢经体前往上运行至头前上方，手心相对似抱球；同时，缓慢吸气，吸足气后，将气沉于丹田（图7-26、图7-27）。

（2）两手掌缓慢经面部、胸部至丹田，手指相对，手心向下，运丹田气至会阴，提肛收阳，气沿督脉至百会，再从百会下行，沿任脉、经印堂、人中、天突、膻中下沉丹田并意守（图7-28）。

图7-26

图7-27

图7-28

【动作要求】

气沉丹田后，两掌置于腹部。

十一、收功势

（1）身体自然站立，两手掌徐徐下垂至身体两侧，微闭双眼，舌抵上腭，津液下咽；同时，用鼻深吸气，气沉丹田并意守（图7-29）。

（2）用鼻深、细、匀、长呼吸数次后，搓手至发热并擦脸；五指散开从发际线往后脑梳头、搓耳和脖颈，然后轻轻扣打四肢，使之放松，最后收功。

练功小秘诀——增加法

也称十四法。凡喷气三口之动作，每隔十日增加喷气次数，其效果好、长功快。具体方法

图7-29

为：由三口加五口；再过十日，由五口加七口；再过十日由七口加九口；再过十日，由九口加十一口；再过十日，由十一口加十三口；再过十日，由十三口加十五口。至此，第一步功成。然后结合各种排打练习，丹田即可承受较大打击力。

第四节　注意事项

（1）练习初期以早、晚各一次为宜，熟练之后可逐渐增加练习次数。

（2）心情要舒畅，放松自然、顺应规律，不可急于求成或勉强行事，即"功到自然成"矣。

（3）运用练中寓养、养中寓练的科学方法，即"养练相兼"。

（4）练习中要头正、身正、目视前方，做到视而不见，听而不闻，神情专一。

（5）慢慢吸气进入丹田，往外喷气要猛然有力。切忌在大风、暴雨、雷电的环境中练功。

第八章

格斗单练

第一节 手法（打）

一、预备势

预备势又叫陈势。陈势是峨眉拳攻守的一大法则，是本门功夫的重要技法和内功功法，奥妙无穷。陈势是两脚开立，稍比肩宽。全身放松，自然站立，以侧身对敌。左臂向前伸直，五指自然散开成散掌，右臂下垂，肘部稍弯，右掌五指散开，指尖向下，置于裆部。目视左掌，视线穿过前掌心瞄准敌人头部，观其动静（图8-1）。

【动作要求】

全身放松，头向上拔，微微昂起，面容神态自然、自信。身体挺直，忌含胸驼背。脚下沉，但忌僵硬紧绷。肩部要放松，不能耸肩，前掌要伸直，达到手臂最大长度，手指自然散开，气从指间散出。右手臂手肘

图8-1

稍弯，肘向后坠。目视前方，忌瞪眼怒视。用鼻慢慢吸气，气聚丹田，气行全身，再由口徐徐呼出，全身动作成一整体，即浑元之气。

【技击含义】

手臂向前伸，是为了充分利用手臂的长度，给敌人设障碍，利于攻防。敌人在进攻时必须避过我前手，如敌人不避过我的前手或不破我前手，就难以攻击到

我的身体，与此同时，我手在前，也可以破敌进攻，利用一臂之长的距离进行闪躲或退让，或利用前手破敌进攻，迷惑敌人，利用闪打等攻击敌人要害之处。右手可以护住裆部，且可以在前手迷惑敌人之后对其进行致命一击。侧身对敌，可以大大减少暴露在敌前的面积，加大敌人攻击我的难度，且可以更好地保护身体的要害部位（面部、喉部、心胸等部位）不被击中。头自然顶立，眼神淡然，面容自然，心态自信，是为了在形式上藐视对方，在气势上震慑对方。总之，陈势就是让自己处于攻守皆利的状态，正所谓"出手一势站方圆，变化无穷任周旋"。

二、动作说明

（一）直射虎

（1）自然站立，成高姿势（同图8-1）。

（2）身体重心稍向前，右手上抬置于左上臂处，瞄准对方面目（图8-2）。

（3）上动不停，左脚上一大步，成左弓步；同时左拳直直击打对方（图8-3）。

图8-2

图8-3

【动作要求】

动作出手为一条线，击打目标的路程最近。

（二）斜射虎

（1）自然站立，成高姿势（同图8-1）。

（2）身体重心向前，上左脚成左弓步；同时，右手向前稍右伸，用食指指对方，左手上抬置于右大臂处，目视前方（图8-4）。

（3）上动不停，右脚向右前方上一大步，成右弓步；同时左拳直直击打对方，右手收于腰间（图8-5）。

图8-4　　　　　　　　　　　　　　　图8-5

【动作要求】

目视对方直攻，突然右侧上斜步，以假乱真，又称指东打西。

（三）观音转莲

（1）自然站立，成高姿势（同图8-1）。

（2）身体右转180°；左脚内旋，以前脚掌碾地，脚尖成交叉步；右拳自然抬起置于胸部，右拳用力随身体后转摆拳，与头部同高，拳心向下；目视右拳（图8-6、图8-7）。

（3）身体向后转移，右转180°，右脚向后撤步，随即左脚向后撤步，成高桩势；左拳变掌前伸，右拳变掌置于裆部；目视左掌（图8-8）。

图8-6　　　　　　　　　图8-7　　　　　　　　　图8-8

【动作要求】

转身时，头部先领，看准被击打目标，迅速转身抛拳。

第二节　腿法（踢）

一、预备势（同手法）

二、动作说明

（一）低对脚

（1）自然站立，成高姿势（同图8-1）。

（2）身体重心向前，左脚向前上半步，同时，右大腿提膝带动小腿，勾右脚脚尖，向前用力弹踢，左腿支撑；两手手掌内旋下沉置于腹前；目视前方（图8-9）。

（3）踢腿后，右脚下落成站立势（图8-10）。

图8-9

图8-10

【动作要求】

弹踢腿要快速，上下协调，两手手掌内旋以肘关节往下沉，后退时，两手自然往前伸出，形成一个整体。

（二）高对脚

（1）自然站立，成高姿势（同图8-1）。

（2）左腿提膝，右腿支撑，成独立势；两手置于胸前；目视前方（图8-11）。

（3）上动不停，左脚尖勾起用力向前蹬出；目视前方（图8-12）。

（4）蹬踢后自然还原站立势（同图8-10）。

图8-11　　　　　　　　　　　　　图8-12

【动作要求】

蹬踢腿要快速、有力，上下协调，力点在脚跟，还原后自然站立。

（三）倒身蹬

（1）自然站立，成高姿势（同图8-1）。

（2）向下、向右俯身；右腿弯曲成右弓步，左脚跟抬起；右手置于胸前，左手置于体侧；目视后方（图8-13）。

图8-13

（3）上动不停，左腿屈膝抬起，左脚尖勾起，重心在右腿上（图8–14）。

（4）上动不停，左腿迅速向后蹬出，腿高于身体，重心在右腿上（图8–15）。

（5）蹬踢后自然还原站立势（同图8–10）。

图8–14

图8–15

【动作要求】

蹬腿要快速、有力、有弹性，上下协调，力点在脚跟，蹬出后可往前走三步，自然还原站立势。

（四）弹踢

（1）自然站立，成高姿势（同图8–1）。

（2）左腿提膝，右腿支撑，成独立势；两手置于胸前；目视前方（同图8–11）。

（3）上动不停，左脚尖蹦直用力向前弹踢；目视前方（图8–16）。

图8–16

（4）弹踢后自然还原站立势（同图8-10）。

【动作要求】

弹踢腿要快速、有力，上下协调，力点在脚尖，多用于踢裆部，还原后自然站立。

（五）勾踢

正勾踢包括正勾踢下、正勾踢中、正勾踢上。

正勾踢下：

（1）自然站立，成高姿势（图8-17）。

（2）身体重心稍向后倒，右腿提膝带动右小腿，右脚面绷直用脚面勾踢对方的小腿，左腿支撑；右手置于体前，左手置于胸部；目视前方（图8-18）。

（3）勾踢后自然还原站立势（同图8-17）。

图8-17

图8-18

正勾踢中：

（1）自然站立，成高姿势（同图8-17）。

（2）身体重心稍向后倒，右腿提膝带动右小腿，右脚面绷直用脚面勾踢对方的腰部，左腿支撑；右手置于体前，左手置于胸部；目视前方（图8-19、图8-20）。

（3）勾踢后自然还原站立势（同图8-17）。

图8-19 　　　　　　　　　　　　　　图8-20

正勾踢上：

（1）自然站立，成高姿势（同图8-17）。

（2）身体重心稍向后倒，右腿提膝带动右小腿，右脚面绷直用脚面勾踢对方的头部和颈部，左腿支撑；右手置于体前，左手置于胸部；目视前方（图8-21、图8-22）。

（3）勾踢后自然还原站立势（同图8-17）。

图8-21

图8-22

【动作要求】

正勾踢下、中、上三法用正面弹踢的力量，身体向左转的同时大腿带动小腿正勾踢，练习时注意身体向后倒，腿部方可抬高。实战中配合步法的运用。

倒勾踢包括倒勾踢下、倒勾踢中、倒勾踢上。

倒勾踢下：

（1）自然站立，成高姿势（同图8-17）。

（2）身体重心稍向后倒、右转，右腿提膝内扣带动右小腿，右脚面绷直用脚后跟勾踢对方的小腿，左腿支撑；右手置于体前，左手置于胸部；目视前方（图8-23、图8-24）。

（3）倒勾踢后自然还原站立势（同图8-17）。

图8-23

图8-24

倒勾踢中：

（1）自然站立，成高姿势（同图8-17）。

（2）身体重心稍向后倒、右转，右腿提膝内扣带动右小腿，右脚面绷直用脚后跟勾踢对方的裆部，左腿支撑；右手置于体前，左手置于胸部；目视前方（图8-25、图8-26）。

（3）倒勾踢后自然还原站立势（同图8-17）。

图8-25

图8-26

倒勾踢上：

（1）自然站立，成高姿势（同图8-17）。

（2）身体重心稍向后倒，右腿提膝上抬内扣带动右小腿，右脚面绷直用脚跟勾踢对方的头部和颈部，左腿支撑；右手置于体前，左手置于胸部；目视前方（图8-27、图8-28）。

（3）倒勾踢后自然还原站立势（同图8-17）。

图8-27　　　　　　　　　　图8-28

【动作要求】

倒勾踢下、中、上三法用脚后跟踢打对方，腿部的发力与正勾踢的发力相反，多用于臀部和大腿后侧肌肉群的力量，身体往左转的同时大腿带动小腿抬起倒勾踢，练习时注意身体上下协调和自然，向后倒，腿部方可抬高。

第九章 格斗双练

第一节 预备双练

一、甲攻乙防练习

（1）甲乙双方成站立姿势（左侧为甲方，右侧为乙方）（图9-1）。

（2）双方练习前，向教练敬礼（图9-2）。

（3）双方均站好预备势，拉开适当的距离；目光对视（图9-3）。

（4）双方前手相接，甲方以操手向前攻，乙方做配合练习。甲方以操手向前柔手，乙方做向后揉手防守练习（图9-4、图9-5）。

（5）甲方用左手黏着乙方的左手背，乙方手掌划弧收回腰间，并用手掌牵引着配合甲方左手向自己伸来（图9-6~图9-8）。

图9-1

图9-2

图9-3　　　　　　　　　　　　　图9-4

图9-5　　　　　　　　　　　　　图9-6

图9-7　　　　　　　　　　　　　图9-8

（6）甲方左脚迈一大步，突然用右手掸乙方的肩部；乙方向后让步（图9-9）。

图9-9

【动作要求】

甲乙双方在练习时，头要上领，双方的手始终黏在一起，手部要柔软。甲方掸拳时要快，双方练习时呼吸要调整，才能体会到双操手的感觉。

二、乙攻甲防练习

（1）甲乙双方拉开距离（图9-10）。

图9-10

（2）双方前手相接，动作相反；乙方以操手向前攻，甲方做配合练习。乙方以操手向前揉手，甲方做向后揉手防守练习；乙方上左步，突然用右手弹击甲方的左手上臂处（图9-11~图9-13）。

图9-11

图9-12

图9-13

【动作要求】

双方攻防弹击手时，不要击打面部，主要练习双方的距离感、对时机的掌握、动作的协调、技术的掌握。

三、攻防组合练习

1. 甲方攻击练习

（1）双方行进间揉手；甲方上左脚，同时用右手意念撣乙方的左肩（图9-14~图9-16）。

（2）上动不停，甲方快速上右脚靠近乙方，收右手用左手击打乙方的肩部（图9-17）。

图9-14

图9-15

图9-16

图9-17

【动作要求】

击打动作连贯、协调，步法快速、轻巧。击打完成后，甲方用套步或飘步让开对方的反攻。

2. 乙方攻击练习

（1）甲乙双方拉开距离（图9–18）。

（2）乙方上右步，用左手破甲方的左手（图9–19）。

（3）上动不停，甲方后让，乙方快速用左手击打甲方的左肩（图9–20）。

图9–18

图9–19

图9–20

【动作要求】

若双方在实战中，掸手是击打面部；在演练中双方击打肩部即可。

四、闭月羞花

上动不停，乙方收右腿，用左手破甲方的左手；同时，用右手击打甲方的面部（图9-21），在演练中双方击打肩部即可。

图9-21

第二节　抽身打法

1. 甲方攻击

（1）甲乙双方拉开距离（图9-22）。

图9-22

（2）乙方攻击甲方，甲方身体左转；同时，用右手击打乙方的肩部；目视乙方（图9-23）。

图9-23

2. 乙方攻击

（1）甲乙双方拉开距离（图9-24）。

图9-24

（2）甲方攻击乙方，乙方身体左转抽身让开被攻击的位置，同时，用右手击打甲方的肩部；目视甲方（图9-25）。

【动作要求】

抽身动作要快，抽身的同时击打动作已完成。

图9-25

第三节　活步打法

活步打法是东西南北方向变化的一种非常灵活的训练方法，以下介绍以四门桩为例的两人练习。

1. 右四门桩

（1）甲乙双方相峙（图9-26）。

图9-26

（2）双方上步用左手相搭揉手三周，双方后退成对峙姿势（图9-27、图9-28）。

图9-27

图9-28

（3）上动不停，双方左脚向左前方跨步，右脚自然跟随，脚跟离地，成左高弓步；左手臂内旋收于右上臂处，掌心向下，右手向前伸出，手指朝前；目视对方（图9-29）。

（4）双方身体向前移并左转45°，左腿屈膝支撑全身重量，右脚蹬地向前方跨步成右高弓步；双方右手随身体移动收于腰间，双方左手随身体移动向前伸出成对打状，目视对方（图9-30）。

（5）上动不停，身体向后移，右转45°；双方左脚后套步，随右脚向后移动，成飘步，双方左手掌指尖向前伸出，成陈势；目视对方（图9-31）。

图9-29

图9-30

图9-31

【动作要求】

双方用左手对打，击打后快速往后飘步，飘步要自然、放松、灵活，最后成陈势再接连下一个动作。

2. 后四门桩

（1）双方左脚向前方跨步，右脚自然跟随，脚跟离地，成左高弓步；双方左手臂内旋收于右上臂处，掌心向下，右手向前伸出，手指朝前；目视对方（图9-32）。

图9-32

图9-33

（2）双方身体向右前移并右转25°，左腿屈膝支撑全身重量，右脚蹬地向前方跨步成右高弓步；双方右手随身体移动收于腰间，左手掌随身体移动向前击打对方的手掌；目视对方（图9-33）。

（3）上动不停，身体重心向后移；右转25°，头向上领，左脚用力蹬地，经右脚内侧向后退步，两膝弯曲交叉，成套步；身体向上起，左脚不动，右脚后撤，两脚站立成陈势；双方左手向前伸，右手置于腹前；目视对方。（图9-34）。

图9-34

【动作要求】

套步时，头向上顶，身体要整体运动、步法轻松自然。根据对方攻击的距离，可套让一步或几步均可。

3. 左四门桩

（1）双方左脚向左前方跨步，右脚自然跟随，脚跟离地，成左高弓步；双方左手臂内旋收于右上臂处，掌心向下，右手往前伸出，手指朝前；目视对方（图9-35）。

图9-35

（2）上动不停，双方身体向右前移，右转20°，左腿屈膝支撑全身重量，右脚用力跨地向前伸腿，脚尖勾起；身体前移，右脚蹬地向前方跨步成右高弓步；双方右手随身体移动收于腰间，左手掌随身体移动向前击打对方的手掌；目视对方（图9-36）。

（3）双方身体往后移，右转25°，头向上领，左脚用力蹬地成后套步，随右脚向后移动，成飘步，双方左手向前伸，右手置于腹前；目视对方（图9-37）。

图9-36　　　　　　　　　　　　图9-37

【动作要求】

后让时，头向上顶，双方出手始终对着对方，防止对方踢裆部和拳击打头部。

4. 前四门桩

（1）双方左脚向左前方跨步，右脚自然跟随，脚跟离地，成左高弓步；双方左手臂内旋收于右上臂处，掌心向下，右手向前伸出，手指朝前；目视对方（图9-38）。

图9-38

（2）上动不停，双方身体向右前移，右转25°，身体前移，右脚蹬地向前方跨步成右高弓步；双方右手随身体移动收于腰间，左手随身体移动向前击打对方的手掌；目视对方（图9-39）。

（3）双方身体往后移，右转25°，头向上领，左脚用力蹬地，站立成陈势；双方左手向前伸，右手置于腹前；目视对方（图9-40）。

图9-39

图9-40

【动作要求】

双方根据对方的攻击距离，在步法中可变换姿势防止突然袭击并用以反击对方。

5. 四门桩收势

（1）甲方身体重心稍后移，右脚向后退半步，左脚自然跟随，脚尖跷起，脚跟着地，成左高虚步；两手置于胸前手背相对，手指向上；目视前方。同时乙方身体左转；右脚向右前上半步，左脚自然跟随，脚尖跷起，脚跟离地，成左高虚步；两手置于胸前手背相对，手指向上；目视前方（图9-41）。

（2）上动不停，双方身体稍后移，左脚向后撤半步，两腿与肩同宽成站立式；同时左右掌向体侧展开，掌心向上，两手臂捧气贯顶至头上方，手臂内旋，掌心相对；目视前方（图9-42、图9-43）。

图9-41

图9-42

图9-43

（3）双方身体直立；两手臂随屈肘稍内旋，掌心向下，经面部、胸部、腹部下按，自然呼气；目视前方（图9-44）。

（4）双方身体微向右移，左脚向右脚并拢，手臂下垂于体侧，成立正势；目视前方（图9-45）。

图9-44   图9-45

第一节　拳法使用

一、直射虎

（1）甲乙双方侧身站立，成高姿势对峙；甲方身体重心稍往前；右手上抬置于面前，目视乙方面目，破敌之神（图10-1）。

（2）上动不停，左脚上一大步，成左弓步；同时，左拳击打乙方面部（图10-2）。

图10-1

图10-2

【技击含义】

真假动作配合，迷惑乙方，出手即击打乙方。

二、斜射虎

（1）甲乙双方侧身站立，成高姿势对峙；甲方身体重心向右前移动，上左脚成左弓步；同时，向前伸右手，用食指指乙方，左手上抬置于右上臂处，目视乙方（图10-3）。

（2）上动不停，甲方右脚向右前方上一大步，成右弓步；同时，左掌击打乙方面部，右手收于腰间（图10-4）。

图10-3

图10-4

【技击含义】

目视乙方直攻，指东打西，破敌之神，突然左攻，以假乱真，击敌要害。

三、观音转莲

（1）甲乙双方侧身站立，成高姿势对峙；乙方用左拳攻击甲方，甲方突然身体向右转，用左手格拦化解乙方的手臂；目视乙方（图10-5）。

（2）甲方身体向右后转180°，两腿成交叉步；随身体后转右拳用力摆拳击打乙方头部（图10-6）。

（3）上动不停；右脚向后撤步，随即左脚向后撤步，成高桩势；左拳变掌前伸，右拳变掌置于裆部；目视对方。

图10-5

图10-6

【技击含义】

对方进攻我时，我让开对方的攻击同时给以反击，即防守反击；我主动进攻对方为攻击，无论是防守反击还是主动进攻都要掌握好时机和距离，此招不可轻用，慎之使用。

第二节 腿法使用

一、低对脚

（1）双方自然站立，成高姿势（左为甲方，右为乙方）（图10-7）。

（2）甲方身体重心下沉，左脚原地或向前上半步，用左腿支撑；同时，用右大腿提膝带动小腿，勾右脚脚尖，向前用力弹踢乙方的左腿；两手手掌内旋下沉置于腹前，左手掌指向乙方面部伸出；目视乙方（图10-8、图10-9）。

（3）踢腿后，右脚往后退，成高姿势（同图10-7）。

图10-7

图10-8

图10-9

【技击含义】

与对方距离较近，其想用拳法击打我，我上手防对方的进攻，同时用低对脚堵截对方的攻击。

二、高对脚

（1）甲乙双方自然站立，成高姿势（同图10-7）。

（2）甲方用左手攻击乙方，乙方右脚尖勾起用力往前蹬甲方的腹部，左腿支撑，成独立势；上动不停，两手置于胸前成站立势，腹髋部向前第二次发力，脚跟向前用力蹬甲方的腹部（图10-10）。

（3）蹬踢后，自然还原站立势。

图10-10

【技击含义】

当对方用拳法攻击我时，我要快速、有力蹬踢腿堵截对方的进攻。

三、倒身蹬

（1）甲乙双方自然站立，成高姿势对峙（图10-11）。

（2）乙方左拳攻击甲方头部，甲方身体向下、向右、向前倒；右腿支撑，抬左腿用左脚脚跟蹬乙方腹部；目视乙方（图10-12）。

（3）蹬踢后自然还原站立势。

图10-11

图10-12

【技击含义】

对方攻击我头部时，我快速倒身，同时蹬对方腹部拦截对方的进攻，蹬出后顺势向前走，让开对方攻击。

四、弹踢

（1）甲乙双方自然站立，成高姿势（同图10-11）。

（2）乙方右腿提膝带动右小腿，脚面绷直脚尖弹踢对方小腹部，左腿支撑，成独立势；两手置于胸前成站立势；目视前方（图10-13）。

（3）弹踢后自然还原站立势。

【技击含义】

弹踢腿要快速、有力，力点在脚尖，多用于踢敌方裆部。

图10-13

图10-14

五、堵截

（1）甲乙双方自然站立，成高姿势（同图10-11）。

（2）甲方攻击时乙方右腿提膝带动右小腿，勾脚尖蹬对方小腹部，左腿支撑；右手置于体前方，左手置于胸前；目视前方（图10-14）。

（3）堵截后自然还原站立势。

【技击含义】

堵截腿要快速、有力，力点在脚尖，多用于踢敌方裆部。

六、勾踢

（一）正勾踢

包括小腿、腰部、颈部三法。

1. 正勾踢小腿

（1）甲方攻击乙方时，乙方身体重心稍向后倒；右腿提膝带动右小腿，右脚面绷直勾踢甲方的小腿部，左腿支撑；右手置于体前，左手置于胸部；目视甲方（图10-15）。

（2）勾踢后自然还原站立势。

图10-15

2. 正勾踢腰部

（1）甲方攻击乙方时，乙方身体重心向后侧倒；右腿提膝带动右小腿，右脚面绷直勾踢甲方的腰部，左腿支撑；右手置于体前，左手置于胸部；目视甲方（图10-16）。

（2）勾踢后自然还原站立势。

图10-16

3. 正勾踢颈部

（1）甲方攻击乙方时，乙方身体重心稍向后倒；右腿提膝带动右小腿，右脚面绷直勾踢甲方的头部和颈部，左腿支撑；右手置于体前，左手置于胸部；目视甲方（图10-17）。

（2）勾踢后自然还原站立势。

【动作要求】

正勾踢下、中、上三法可防守也可以主动进攻，双方互练。实战中要掌握距离、时机、步法的配合运用。

图10-17

（二）倒勾踢

包括小腿内侧、腹部、头部三法。

1. 倒勾踢小腿内侧

（1）甲方攻击乙方时，乙方身体重心稍向后倒，左腿支撑；同时，左转身体，右腿提膝内扣带动右小腿，右脚面绷直用脚后跟倒勾踢甲方的小腿或裆部，右手置于体前，左手置于胸部；目视甲方（图10-18）。

（2）倒勾踢后自然还原站立势。

图10-18

2. 倒勾踢腹部

（1）甲方攻击乙方时，乙方身体重心稍向后倒，左腿支撑；同时，右腿提膝内扣带动右小腿，右脚面绷直用脚后跟倒勾踢甲方的腹部，右手置于体前，左手置于胸部；目视甲方（图10-19）。

（2）倒勾踢后自然还原站立势。

图10-19

3. 倒勾踢头部

（1）甲方攻击乙方时，乙方身体重心向后倒，左腿支撑；同时，右腿提膝内扣带动右小腿，右脚面绷直用脚跟倒勾踢甲方的头部和颈部，右手置于体前，左手置于胸部；目视甲方（图10-20）。

（2）倒勾踢后自然还原站立势。

图10-20

【动作要求】

倒勾踢对方时，技术含量较高，只有恰当地掌握时机和距离才能更好地发挥作用。

第十一章 警用技能实战训练

擒拿与反擒拿是警用技能的重要组成部分之一。擒拿技法可分为主动擒拿与被动擒拿两种。一般来说，主动擒拿是主动地靠近对方，擒其某一部位而拿之，主要用于制服扰乱社会治安的行凶歹徒。动作要快速、敏捷、手法狠，一招即可以制服歹徒。被动擒拿即反擒拿，当对方抓我某一部位而拿之。使用这种手法，发力要整，沉着冷静，出其不意。要达到动作的娴熟、自然，须练习擒拿之基本功法，即抓功、掌功、刁勾手、指功（禅功）等基本功，方法有单人、双人练习，无物练习，意念假想，有物练习，借助于物体解牛筋、拧木棒等传统的训练方法都很有效。擒拿之术，随机应变、灵活机动，借敌之力发其劲，一能致敌失去战斗力，二能致敌残废，三能致敌亡命，应慎传、慎用。

警用擒拿基础：抓筋拿脉，挫扭关节，牵引控制，巧施妙法，一抓得势，巧柔克刚。抓拿得法，威力奇效。习者专研，技法奥妙。

第一节　折腕

（1）双方侧身站立，左为甲方，右为乙方，甲方用左手抓乙方右手腕（图11-1）。

图11-1

（2）乙方手臂外旋屈肘，手心向内（图11-2）。

（3）接上势，乙方用左手抓握甲方左手腕（图11-3）。

（4）上动不停，乙方右手腕内旋，绕腕化解甲方左手腕，同时乙方折甲方左手掌腕用力往下、往内折压（图11-4、图11-5）。

图11-2

图11-3

图11-4

图11-5

【动作要求】

乙方屈臂绕腕，动作要协调，用力要内外合一，折腕时要狠，身体重心可往后移，用力向后拉折对方，造成对方向前倒地。

第二节　掰腕

（1）甲方用左手抓乙方右手腕（图11-6）。
（2）乙方手臂外旋屈肘，手心向内（图11-7）。
（3）随即用左手抓握甲方左手掌（图11-8）。

图11-6

图11-7

图11-8

（4）乙方继续向右前方斜上步，成右弓跟步，双手向甲方左侧后方掰腕下压（图11-9、图11-10）。

图11-9

图11-10

【动作要求】

右手臂旋转时要有缠丝劲，化对方手臂，以旋转之力破敌之横力，上下肢动作协调一致。如乙方双手继续向前下方掰甲方手掌腕可将其摔倒，继续折腕别臂可将敌方控制住。

第三节　缠腕

（1）甲方用右手抓握乙方右手（图11-11）。

图11-11

（2）乙方用左手搭在甲方右手背上，用右手掌内旋往上挑，造成甲方右手腕向下弯（图11-12、图11-13）。

（3）接上势，乙方继续用左右手缠甲方右手腕向下、向里划弧（图11-14）。

图11-12

图11-13

图11-14

【动作要求】

缠腕时要化解对方的劲力，要内收手臂，可控制敌方手臂。

第四节　压腕

（1）当甲方用左手用力抓住乙方右肩时，乙方斜身对敌，身体自然放松（图11-15）。

（2）乙方突然左手抓握甲方的左手腕背，同时右手向上抬举右肘关节高于甲方手臂（图11-16、图11-17）。

（3）上动不停，乙方身体重心向下沉，躯体向左转，右肘关节向里绕下压甲方前臂，造成甲方反关节，迫使甲方手腕疼痛，身体前俯，重者可使其肘、腕关节断裂（图11-18）。

图11-15

图11-16

图11-17

图11-18

【动作要求】

左手掌抓紧甲方右手腕，控制对方，右肘关节下压力点在肘尖，转体要猛。在训练时，力度、角度要适度掌握，转体角度越大、越猛，造成对方手臂的伤势越大。

第五节　压胸

（1）甲方抓乙方胸襟（图11-19）。

（2）乙方用双手扣住甲方左手腕，抬右肘，突然用力往下压裹甲方左手臂（图11-20、图11-21）。

图11-19

图11-20

图11-21

【动作要求】

转体要快，身体下沉，压臂要猛，发力要整。左转体越快，角度越大，效果越好。

第六节　错肘

（1）甲方抓乙方胸襟（图11-22）。

（2）乙方用左手卡甲方左手腕，同时用右手掌击打其左肘关节，身体向左侧转体（图11-23）。

图11-22　　　　　　　　　　　图11-23

【动作要求】

躯体左转与两手合力一致。

第七节　胸折

（1）甲方用左手抓乙方胸部（图11-24）。

（2）乙方用左手托甲方左手腕，用右手抓甲方手掌内侧，扣甲方左手腕（图11-25）。

（3）乙方扣紧甲方左手腕，使其手心对甲方胸部，用力往下压，往后沉折其左手腕（图11-26）。

图11-24

图11-25

图11-26

【动作要求】

翻手折腕要往下沉，也可往后拉。

第八节　托肘

（1）甲方用左手抓乙方右手（同图11-6）。

（2）乙方侧身向右转，右臂屈肘，使甲方手心向上翻，同时用左手掌托击甲方左肘关节使其左手臂上抬，可解脱（图11-27、图11-28）。

图11-27

图11-28

【动作要求】

托肘要猛，托肘后迅速撤步，成侧身对敌。

第九节　击肘

（1）甲方用右手抓握乙方右手腕（图11-29）。

（2）乙方侧身屈右臂，使甲方手臂内旋，同时，身体向右转，用左手掌击打其肘关节（图11-30、图11-31）。

图11-29

图11-30

图11-31

【动作要求】

转身击打后，快速转身撤离对方，保持一定的距离。

第十节　切摔

（1）乙方用左手主动抓握甲方右手腕（图11-32）。

（2）乙方上右步跨在甲方右腿后，绊其腿，同时，用右手臂切甲方脖子，身体向左转将乙方摔倒（图11-33、图11-34）。

图11-32

图11-33

图11-34

【动作要求】

上下动作一致，身体旋转要快速。

第十一节　掐颈抹摔

（1）乙方用左手主动抓握甲方右手腕（图11-35）。

（2）乙方上右步跨在甲方右腿后侧，同时用右手变爪卡其喉部（图11-36）。

（3）接上势，身体向左转，同时绊其右腿，用力抹其颈部，将甲方摔倒（图11-37~图11-39）。

图11-35　　　　　　　　图11-36　　　　　　　　图11-37

图11-38　　　　　　　　图11-39

【动作要求】

速度要快，用右手卡对方颈部时虎口用力掐，紧紧按住。

第十二节　控手踹腿

（1）乙方在甲方身后，抓捕时突然上左脚跨一大步成弓步，同时用双手控制甲方两手（图11-40）。

（2）上动不停，乙方左脚站稳，用双手紧紧控制甲方两手往后上方拉，同时用右脚踹甲方右腿后膝关节（图11-41）。

（3）乙方双手紧紧控制甲方两手往后上方抬，控制其双手（图11-42）。

图11-40

图11-41

图11-42

【动作要求】

动作快捷，踹腿有力。

第十三节 大抡别臂

（1）乙方主动用左手抓握甲方右手腕（图11-43）。

（2）随即用右手臂从里上挑甲方右手臂（图11-44）。

（3）上动不停，乙方向右转身成右弓步，下压甲方控制其右手臂，用左手抓甲方头发往上抬头（图11-45、图11-46）。

图11-43

图11-44

图11-45

图11-46

【动作要求】

右手臂往对方上臂里侧直插，用右肘关节与对方右肘关节相对，左手往里合、上抬对方手臂，形成合力点下压对方。

第十四节　插肘压臂

（1）乙方用右手插入甲方左臂腋下（图11-47）。

（2）接上势，右肘弯曲，右掌至甲方左肩，同时左转身下压（图11-48、图11-49）。

（3）接上势，身体继续左转身下压，控制甲方（图11-50、图11-50附图）。

图11-47　　　　　　图11-48　　　　　　图11-49

图11-50　　　　　　　　　图11-50附图

【动作要求】

下压时，转身要快，在对方肩关节处发力。

第十五节　合肘压臂

（1）甲乙双方相持（图11-51）。

（2）乙方用右手抓握甲方左手腕（图11-52）。

（3）接上势，乙方右转身，用左臂下压甲方左手臂（图11-53）。

（4）接上势，乙方用左手下压甲方的左手臂，同时抓自己的右手腕，左转身，用双手下压甲方左手臂，将其制服（图11-54、图11-55）。

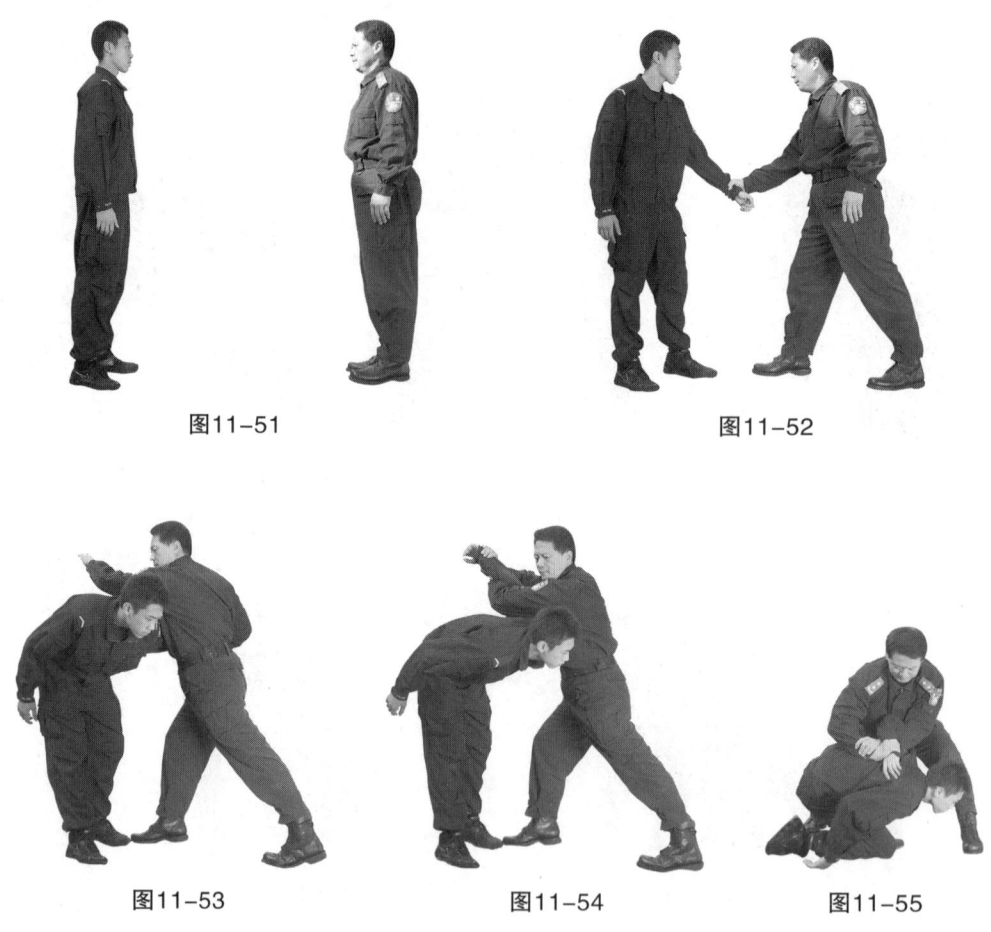

图11-51　　　　　　　　　　图11-52

图11-53　　　　　　图11-54　　　　　　图11-55

【动作要求】

上下动作协调，手臂旋转、两手形成合力，身体旋转要快。

第十六节　防打切臂

（1）甲方用左直拳击打乙方头部，乙方用右手掌向外拨甲方左拳（图11-56）。

（2）甲方再用右直拳击打乙方头部，乙方顺势以手掌内旋转抓其右手腕（图11-57）。

（3）乙方上右腿靠近甲方，同时用右臂从上往下压其右肩部，左右手形成挫劲将甲方向后摔倒（图11-58、图11-59）。

图11-56

图11-57

图11-58

图11-59

（4）乙方继续靠近甲方，
同时用右手臂下压、挫其肩部，
将其制服（图11-60）。

【动作要求】

防打切臂动作要快，同时下
压快摔。

图11-60

第十七节　插步前摔

（1）甲方用左拳击打乙方，乙方快速后闪，防对方击打（图11-61）。

图11-61

（2）接上势，乙方身体迅速左闪，用左手顺势将甲方左手臂，右
手往甲方身体伸出，目视甲方（图11-62、图11-63）。

（3）接上势，乙方左腿往右腿后插，同时左手抹捋甲方颈部、头
部，同时用右腿绊甲方的左腿，把甲方摔倒（图11-64、图11-65）。

（4）接上势，乙方将甲方摔倒后，可继续控制其手臂和肩关节
（图11-66）。

图11-62

【动作要求】

插步前摔古时称"倒踩莲"，插步、抹颈、绊腿要快，上下协调，动作一致，迅速有力、巧妙。

图11-63

图11-64

图11-65

图11-66

第十八节　手臂上挑

（1）甲方用左手抓住乙方的右手腕（图11-67）。

（2）乙方右手掌握拳屈肘用力向上挑，被抓的右手腕即可解脱（图11-68）。

图11-67

图11-68

【动作要求】

上挑动作要快，发力要整，力点在被抓的手腕上。

第十九节　手臂下压

（1）甲方用左手向上托抓握乙方的右手腕（图11-69）。

（2）乙方右手握拳用力从对方虎口大拇指处下压，被抓手腕即可解脱（图11-70）。

图11-69

图11-70

【动作要求】

肘关节下沉，右手腕快速下压，力点下压对方虎口拇指。

第二十节　手臂绕腕

（1）甲方用左手抓住乙方的右手腕（图11-71）。

（2）乙方手臂向内旋、往上挑，手腕向外旋转下压，即可解脱
（图11-72、图11-73）。

图11-71

图11-72

图11-73

【动作要求】

手臂、手腕的旋转用内劲。

第二十一节　抓腕擒臂

（1）乙方用右手抓住甲方的左手腕（图11-74）。

（2）乙方用左臂挑甲方左肘关节，同时身体向左转，提甲方左臂下压（图11-75、图11-76）。

（3）接上势，乙方用力往前下推压甲方左手臂，控制其手臂，将其制服（图11-77、图11-78）。

【动作要求】

抓腕擒臂，控制其手臂动作连贯、协调、一气呵成。

图11-74

图11-75

图11-76

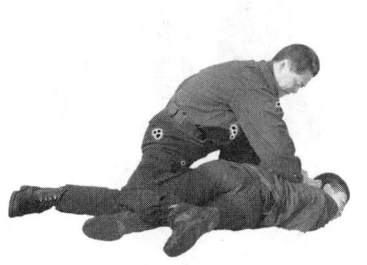

图11-77

图11-78

第二十二节　正面擒摔控制

（1）甲、乙双方相持（图11-79）。

（2）乙方向前上左步，同时用左手抓握甲方右手腕，随即左手往前引甲方右手臂，身体向右转（图11-80、图11-81）。

图11-79

图11-80

图11-81

（3）接上势，乙方用双手上举掰甲方右手臂，往后下方压，甲方倒地，再用右手扼其颈部（图11-82、图11-83）。

（4）接上势，乙方再用双手上举掰甲方右手掌，翻转甲方右手臂内旋，造成甲方左转身趴地面部向下，控制甲方的右手臂（图11-84、图11-85）。

图11-82

图11-83

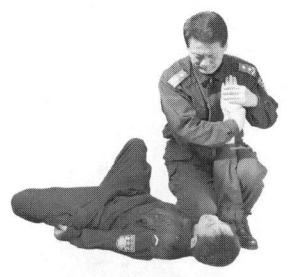

图11-84

图11-85

【动作要求】

引甲方手臂、翻掰手掌、转身、压臂要快，摔拿一体，上下协调一致。

第二十三节　后面擒摔控制

（1）乙方从甲方后方用双手抓其左手臂（图11-86）。

（2）接上势，乙方上左步，同时用左手抓握甲方左手腕，右手往前托甲方左臂肘关节，身体往后拉，使甲方倒地（图11-87、图11-88）。

图11-86

图11-87

图11-88

（3）接上势，乙方用双手内旋翻转甲方左手臂，使甲方身体向外滚动，面部朝下（图11-89~图11-91）。

（4）接上势，乙方用双手控制甲方左手臂，同时快速伸左腿骑跨在甲方躯体上，再用右手抓握甲方的右手臂，控制甲方（图11-92~图11-94）。

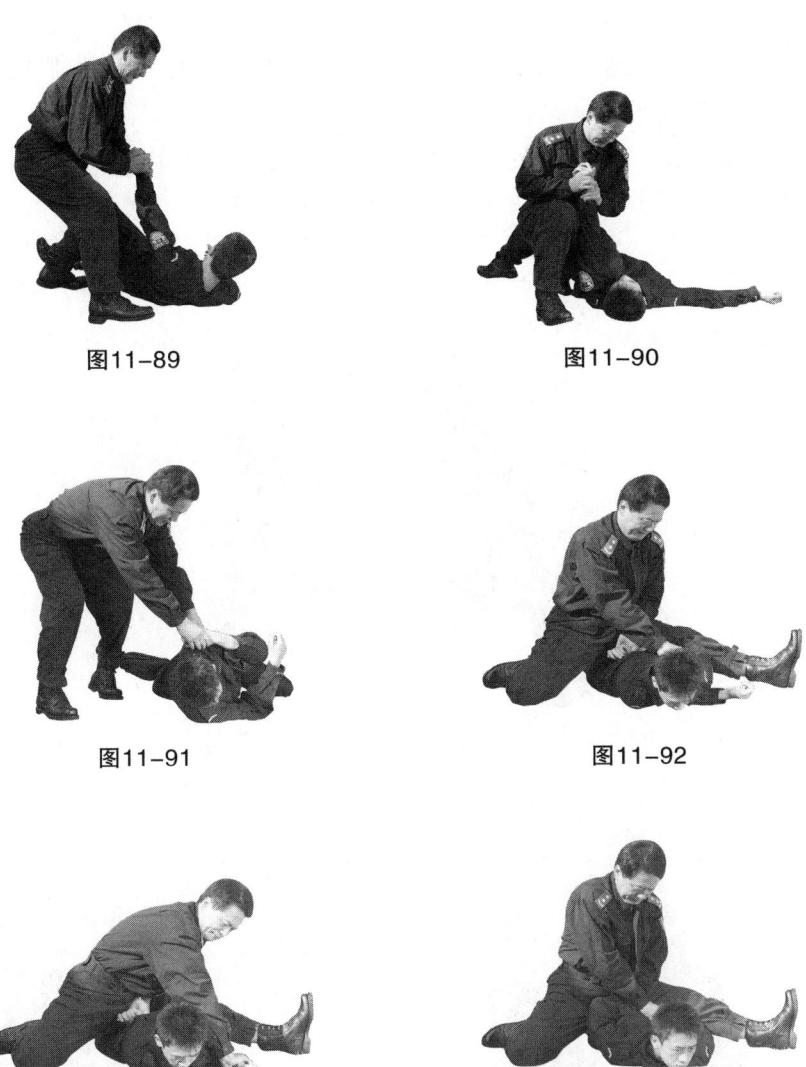

图11-89　　　　　　　　　　　　　图11-90

图11-91　　　　　　　　　　　　　图11-92

图11-93　　　　　　　　　　　　　图11-94

【动作要求】

抓甲方左手臂、摔甲方倒地、内旋翻转甲方手臂、控制甲方要快，动作连贯，上下协调一致。

第二十四节　夹颈擒摔控制

（1）甲方用右拳击打乙方头部，乙方左闪，顺势用左手抓其右手臂（图11-95、图11-96）。

（2）接上势，乙方用左手抓握甲方右手腕，向前带其右手，同时上右步，顺势左转身，用右手臂夹甲方颈部（图11-97）。

图11-95

图11-96

图11-97

（3）接上势，乙方继续左转身，破坏甲方身体重心，把甲方摔倒在地（图11-98、图11-99）。

（4）接上势，乙方用双手后拉甲方右手掌，用双手内旋翻转甲方右手臂，使甲方身体向外滚动，面部朝下（图11-100、图11-101）。

（5）接上势，乙方用双手控制甲方右手臂，再用右手抓握甲方的左手臂向上翻转，控制甲方双臂（图11-102）。

图11-98

【动作要求】

抓甲方左手臂、转身快摔甲方、内旋翻转甲方手臂、控制甲方时要快，上下协调一致，顺势发力。

图11-99

图11-100

图11-101

图11-102

第二十五节　下扣腕

（1）甲方用左手抓乙方右肩，乙方顺势撤左脚成侧立势，目视甲方（图11-103）。

（2）接上势，乙方用双手扣抓握住甲方左手腕（图11-104）。

（3）接上势，乙方身体重心向后下方沉降，身体下蹲，用双手压、拉、折甲方左手腕（图11-105）。

图11-103

图11-104

图11-105

【动作要求】

抓握甲方手腕压、拉、折时要快、狠、猛。

第二十六节　外压肘

（1）甲方用左手抓乙方右肩，乙方顺势撤左脚成侧立势，目视甲方（图11-106）。

（2）乙方用左手扣抓甲方左手腕，同时举右手臂（图11-107）。

（3）接上势，乙方右臂内旋缠甲方左臂，压其左肩关节，同时左转身下压控制甲方，使甲方倒地，面部朝下（图11-108）。

图11-106

图11-107

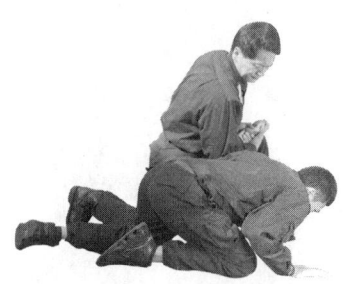

图11-108

【动作要求】

手臂内旋缠甲方左臂，压、拉肘要快、猛，形成合力。

第二十七节　内挑肘摔

（1）甲方用左手抓乙方右肩，乙方顺势撤左脚成侧立势，目视甲方（图11-109）。

（2）接上势，乙方用右臂从甲方内侧绕缠其左臂往上挑（图11-110）。

（3）接上势，乙方右臂继续外旋、里缠、上挑甲方左臂，甲方脱手，随即以左手抓甲方左手（图11-111、图11-112）。

图11-109

图11-110

图11-111

图11-112

（4）接上势，乙方用力往后掰甲方左手臂，把甲方摔倒，同时控制甲方左手臂（图11-113）。

【动作要求】

外旋、里缠、上挑甲方左手臂，要顺对方的力化劲。

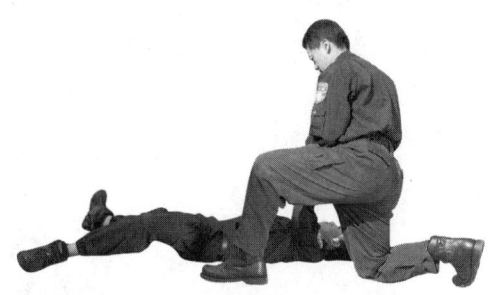

图11-113

第二十八节 外挑肘摔

（1）甲方用左手抓乙方右肩，乙方顺势撤左脚成侧立势，目视甲方（图11-114）。

（2）乙方右臂从甲方左臂外侧上举，同时用左手抓甲方左手（图11-115）。

图11-114

图11-115

（3）接上势，乙方右臂内旋、里缠、下压甲方左肩关节（图11-116）。

（4）接上势，乙方向前下方左转身，同时用右手抓自己的左手随身体重心的移动下压甲方左肩关节，将其制服（图11-117、图11-118）。

图11-116

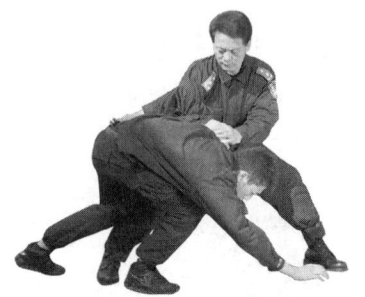

图11-117

图11-118

【动作要求】

内旋、里缠、下压甲方左肩关节，要顺对方的力化劲，下压时动作要快、猛。若对方用右手抓我方左肩，使用方法相同。

第二十九节 翻掌前摔

（1）甲方用左手抓乙方右肩，乙方顺势撤左脚成侧立势，目视甲方（图11-119）。

（2）乙方右臂从甲方左臂内侧上举，同时用左手抓甲方左手（图11-120）。

图11-119

图11-120

（3）接上势，乙方右手臂往甲方左腋下插，随即右手臂突然内旋击打甲方腹部，身体猛向左转身，把甲方摔倒（图11-121～图11-123）。

图11-121

图11-122

图11-123

【动作要求】

右手臂向甲方腋下插，要突然，转身动作要快，要求动作巧妙、协调。

第三十节　插掌后摔

（1）甲方用左手抓乙方右肩，乙方顺势撤左脚成侧立势，目视甲方（图11-124）。

（2）乙方用右手臂从甲方左手内侧斜上方上举，向前插，同时用左手抓甲方左手（图11-125、图11-126）。

图11-124

图11-125

图11-126

（3）接上势，乙方上右步到甲方体后，身体重心前移（图11-127）。

（4）接上势，乙方用右手臂往甲方右胸部靠摔，身体猛向右转身，把甲方摔倒（图11-128）。

图11-127

图11-128

【动作要求】

靠、摔转身动作要协调、快速一致。

第十二章　警用配合与特种训练

　　配合与特种训练是掌握和提高警用技能及战术水平，在现实斗争中打击违法犯罪，制服犯罪分子和犯罪嫌疑人，减少伤亡，有效保护自身安全的需要。

　　徒手突袭配合抓捕技能，是指靠近目标后，以突然袭击的方式，采用擒拿格斗综合技术，瞬间擒住目标，在控制的前提下，对目标进行上铐、搜身和押解的方法。要求配合默契，动作要有突然性和连贯性，突然袭击将其制服。当歹徒持匕首等凶械时，不得已才夺其凶械，这要求我们对抓捕技能要娴熟，要善于把握时机，充分利用一切条件，选择最具有威力和实效性的方法袭击目标，要求动作突然迅猛，摔拿、踢打技术并用，将控制对方手臂始终贯穿在抓捕的全过程中，争取一招制敌。注意整体配合、分工明确、各尽其责的原则。

第一节　二抓一别臂

　　（1）乙方（甲方右侧为乙方）、丙方（甲方左侧为丙方）上步侧身对甲方，乙方用左手抓握甲方的右手腕，丙方用右手抓握甲方的左手腕（图12-1）。

图12-1

（2）接上势，乙方用右臂从甲方右臂内侧上挑、丙方用左臂从甲方左臂内侧上挑（图12-2）。

（3）接上势，乙方、丙方同时分别往右、左转身、别臂下压将甲方摔倒制服（图12-3）。

图12-2

图12-3

【动作要求】

两人合作抓捕犯罪不法分子时要配合默契、动作协调，制服后，给其上铐，一定要稳、准、狠、快，达到一招制敌。

第二节　二抓一压臂

（1）乙方、丙方上步侧身对甲方，乙方用左手抓握甲方右手腕，丙方用右手抓握甲方左手腕（图12-4）。

（2）接上势，乙方用右臂上压甲方右臂，右手扣自己左手腕别乙方上臂、丙方用左臂上压甲方左臂，左手扣自己右手腕，别乙方上臂（图12-5）。

（3）接上势，乙方、丙方同时分别往右、左转身、手臂下压将甲方摔倒，制服甲方（图12-6）。

图12-4

图12-5

图12-6

【动作要求】

扣手腕有力更能便于发力，稳、准、狠、快，动作协调。

第三节 防匕首左闪快摔击面

（1）甲方用右手正握匕首与乙方相持（图12-7）。

（2）甲方用右手正握匕首刺乙方胸部，乙方左脚往左闪开，同时用左手往前斜上方拨甲方的右前臂（图12-8）。

（3）接上势，乙方快速上左脚靠近甲方，同时用右手托其肘关节（图12-9）。

（4）接上势，乙方用左手叼抓甲方前臂腕关节，用力往下方摔（图12-10、图12-11）。

（5）接上势，乙方将甲方摔倒后，双膝用力跪夹甲方的右臂，两手折其肘关节用力拧手臂，匕首掉地（图12-12、图12-13）。

（6）接上势，乙方双膝跪牢夹住甲方的右臂的同时，右拳猛击歹徒面部（图12-14）。

图12-7

图12-8

【动作要求】

闪身、拨臂，眼明手快，上下协调一致。在实践中，若技术不精湛，不可轻用，以免受伤。

图12-9

图12-10

图12-11

图12-12

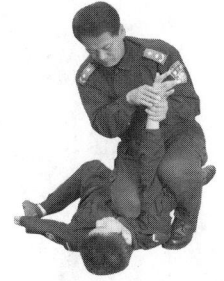

图12-13

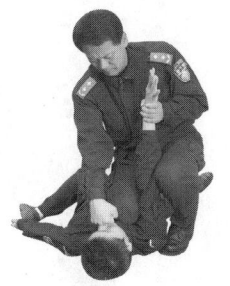

图12-14

第四节　防匕首后让快摔击面

（1）甲方用右手握匕首刺乙方腹部，乙方右脚往后退让闪开，同时两手张开呈八字形，顺势下压甲方右臂（图12-15）。

（2）接上势，乙方快速上左脚靠近甲方，同时用双手往前带甲方手持匕首的手臂以化解其力（图12-16）。

（3）接上势，乙方迅即用左肘猛捣甲方的右肋，接着用左肩靠甲方右腋下（图12-17）。

图12-15

图12-16

图12-17

（4）乙方后绊甲方右腿将其摔倒（图12–18）。

（5）接上势，双膝用力跪夹甲方的右臂，两手折其肘关节用力拧手臂，匕首掉地（图12–19、图12–20）。

（6）接上势，乙方双膝跪牢夹住甲方的右手臂，松开右手变拳猛击甲方面部（图12–21）。

图12–18　　　　　　　　　　　　　　图12–19

图12–20　　　　　　　　　　　　　　图12–21

【动作要求】

后退闪身让开歹徒匕首攻击的位置要掌握好时机，拨臂、捣肘、快速后摔，击打要快、猛。

第五节 防刀卸臂

（1）甲方用右手握刀与乙方相持（图12-22）。

（2）甲方用右手握刀向乙方砍去，乙方右脚往后退让闪开准备反击
（图12-23）。

（3）当甲方持刀砍落一刹那，乙方快速左闪同时用左手推抓甲方右
臂，化解其力（图12-24）。

（4）接上势，乙方身体重心前移，顺势用右手推甲方肘关节往上举
（图12-25）。

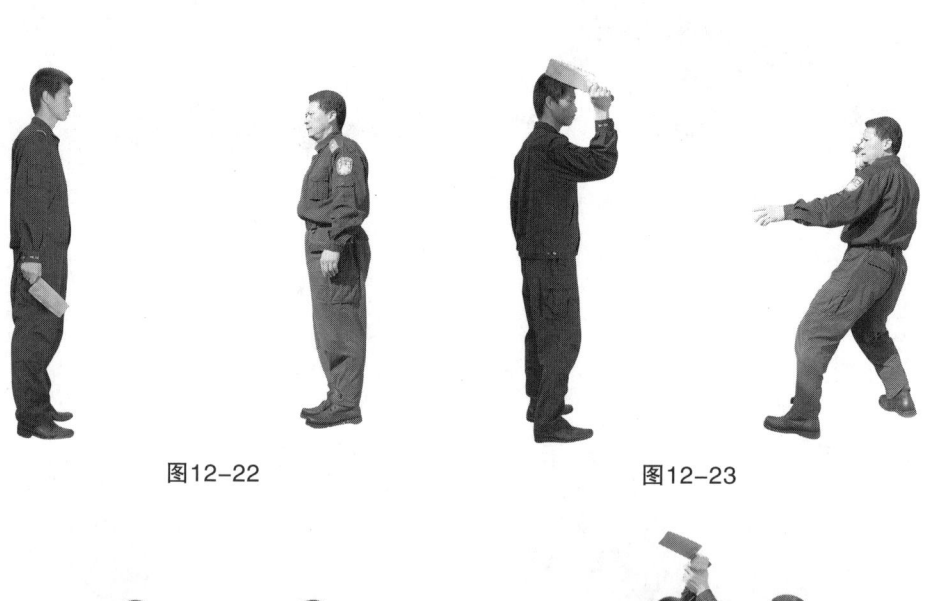

图12-22　　　　　　　　　　　　　　图12-23

图12-24

图12-25

（5）接上势，乙方右前臂内旋下压其肘关节，左手用力抓握甲方手腕，以肘关节处为支点用力向下压，同时身体重心猛下垂，身体下压向左转体将其摔倒（图12-26~图12-29）。

图12-26

图12-27

图12-28

图12-29

【动作要求】

乙方左手拨抓、右臂上挑、跨右步动作要协调一致，把握时机，动作迅速。下压时，以右肘关节为支点向下猛压。注意：在双人进行练习时动作不要太猛烈，慢慢体会，以免造成肩、肘关节损伤。

第六节　防匕首直刺踢裆

（1）甲方用右手握匕首刺乙方腹部，乙方右腿往右后方退让闪开（图12-30）。

（2）接上势，乙方顺势用左手叼捋抓握甲方右手腕（图12-31）。

图12-30

图12-31

（3）接上势，乙方在闪开的同时快速起右脚猛弹踢甲方裆部（图12-32）。

（4）接上势，乙方用右手抓甲方头发往前猛带（图12-33）。

（5）接上势，乙方顺劲抓甲方头发往前拉同时用右腿屈膝撞击甲方面部（图12-34）。

图12-32

图12-33

图12-34

【动作要求】

后退让闪身、叨捋抓握甲方右手腕、弹踢裆、撞膝时用合力，快速有力，效果更好。

第七节　抱腰后捣肘

（1）甲方在乙方后突然用双手抱住乙方的手臂和腰部（图12-35、图12-36）。

（2）接上势，乙方顺势下蹲成马步，同时双手臂往上屈肘快速抬起（图12-37）。

（3）接上势，乙方身体右转，同时用右肘捣击甲方腹部（图12-38）。

图12-35　　　　　　　　　　　图12-36

图12-37　　　　　　　　　　　图12-38

【动作要求】

抬臂、下蹲、捣肘发力要快，协调有力，形成螺旋抖力、炸力效果极佳。

第八节　抱腰抓腕反别臂

（1）甲方在乙方后突然用双手抱住乙方的腰部（图12-39）。

（2）接上势，乙方顺势下蹲成马步，同时用右手抓握甲方的左手臂腕关节，随即左手从甲方的左手前臂内侧插掌，抓握自己的右手腕关节（图12-40、图12-41）。

（3）接上势，乙方气沉丹田往下运气，发内力推动两手往下用力解脱（图12-42）。

图12-39

图12-40

图12-41

图12-42

（4）接上势，乙方向左转身，向上抬起敌方手臂的同时，双手用力拉、抬甲方的左手臂腕关节，内扣其手臂（图12-43）。

（5）接上势，乙方身体向左转、跨左步，同时双手用力拧甲方的左手臂，下压其肘关节（图12-44）。

（6）接上势，乙方身体向左下转压，使甲方趴下（图12-45）。

图12-43

图12-44

图12-45

【动作要求】

抓握甲方的左手臂腕、插掌、扣手、抬臂、转身发力要快，动作协调顺势。

第九节　抱腰转身闪摔

（1）甲方在乙方后突然用双手抱住乙方的腰部（图12-46）。

（2）接上势，乙方顺势下蹲成马步，身体往右转，同时用右手掌搭在甲方的右大腿外侧，左手抓握甲方右手腕（图12-47）。

（3）接上势，乙方聚力，身体先往右转，随即上抬臀部，然后身体往左转让甲方身体腾空，同时用右手掌抓甲方的右大腿，左手抓握甲方右手腕往左拉（图12-48、图12-49）。

图12-46

图12-47

图12-48

图12-49

（4）接上势，乙方身体向左转，跨左步成右跪势，同时用左手抓住甲方的右手腕关节，用右手按其肩关节（图12-50、图12-51）。

图12-50　　　　　　　　　　　　　　　　图12-51

【动作要求】

搭掌抓甲方的右大腿、抬臀、转身发力动作协调、力点准、速度快，可将对方摔倒，摔倒后可用别臂或用右拳击打其面部或扼喉等。

第十节　勒颈转身闪摔

（1）甲方在乙方后，突然用左手臂勒乙方颈部，用右手抓住乙方的右手，乙方快速用左手抓握甲方的左手（图12-52）。

图12-52

（2）接上势，乙方顺势下蹲成马步，左手抓握甲方左手腕，同时用右手掌搭在甲方的右大腿外侧，身体往左转抬臀顶甲方的小腹部使之腾空，使甲方失去重心（图12-53、图12-54）。

（3）接上势，乙方把甲方摔倒后，顺势用右手抓握甲方的左手（图12-55）。

（4）接上势，乙方用双手抓握甲方的右手往里上方内旋抬臂（图12-56）。

图12-53

图12-54

图12-55

图12-56

（5）乙方上右步，成右跪步，同时双手用力拉甲方的左臂腕关节，使甲方面部朝下（图12-57）。

（6）接上势，乙方用左手抓拧甲方的左手臂内旋翻臂，用右手抓握甲方的右手臂，反其关节控制甲方（图12-58）。

图12-57 图12-58

【动作要求】

抓握甲方的手腕、旋转、抬臂、转身拧臂动作要协调。

第十三章 抓捕擒敌术

抓捕技术，是指实施捉拿过程中反映出来的一种综合技能和方法。具有技术含量高、浓缩性强的特点，它是不可缺少的个体实战技能。在实战中符合人体本能反应等实用特点，用打、摔、擒、拿之术制服犯罪分子，能提高我们的时效性并减少不必要的损失和伤亡，对提高对敌斗争中的信念、勇气和威慑力有着不可忽视的积极作用。徒手突袭抓捕技术是指靠近目标后，以突然袭击的方式，采用擒拿格斗综合技术，瞬间擒、控目标，对目标进行上铐、搜身和押解的方法。动作要求突然性和连贯性，在犯罪分子来不及作出反应的情况下，突然袭击将其制服。这要求抓捕技能要娴熟，要善于把握时机，充分利用一切条件，选择最具有威力和实效性的方法袭击目标。训练时，应相互配合，避免误伤。

第一节　二对一背后锁臂抓捕技术

（1）乙方（甲方右侧为乙方）、丙方（甲方左侧为丙方）在甲方后侧位站立（图13-1）。

图13-1

（2）乙方用右手、丙方用左手突然快速从甲方身后分别抓握甲方双手臂，乙方用左手从甲方右手臂后挎其上臂、丙方用右手从甲方左手臂后挎其上臂，先控制手臂的主要目的是防止歹徒掏枪或匕首袭警（图13-2、图13-3）。

（3）接上势，乙丙双方同时动作，乙方上左脚绊摔甲方的右腿、丙方上右脚绊摔甲方的左腿，双方手往上提甲方的手臂，使甲方身体失去重心向前栽倒，乙方用左手、丙方用右手往下摁其肩关节将其制服（图13-4、图13-5）。

图13-2

图13-3

图13-4

图13-5

【动作要求】

控制甲方的手臂和往前绊摔使歹徒失去反抗，牢牢控制后，再上铐搜身，带离。

第二节　二对一背后抱摔抓捕技术

（1）乙、丙双方在甲方后侧位站立（图13-6）。

（2）丙方快速上步，成左弓步，同时用双手抱甲方的双腿（图13-7）。

（3）上动不停，丙方往后拉，用肩顶将甲方摔倒，同时用双腿缠住甲方的双腿（图13-8）。

图13-6　　　　　　　　　　　　　　　　图13-7

图13-8

（4）乙方快速接近甲方，用右手抓住甲方的右手臂，用左手按住甲方的颈部，同时用左膝往下顶甲方的右肩关节，将其制服（图13-9）。

图13-9

【动作要求】

第一抓捕手抱甲方双腿摔时，速度要快、突然、动作干净利索；第二抓捕手在牢牢控制甲方手臂的同时跪压歹徒的肩关节或击打其头部。

第三节　二对一正面别臂抓捕技术

（1）乙、丙双方（甲方左侧为乙方、右侧为丙方）侧身面对甲方（图13-10）。

图13-10

（2）接上势，乙方用右手抓握甲方的左手腕，丙方用左手抓握甲方的右手腕（图13-11）。

（3）接上势，乙、丙双方同时动作，乙方用左臂从甲方左臂内侧上挑，下压其手臂；丙方用右臂从甲方右臂内侧上挑，下压其手臂（图13-12）。

（4）接上势，乙方向右转身、丙方向左转身，手臂下压向前下方用力，将甲方摔倒，将其制服（图13-13）。

（5）若歹徒反抗，乙方或丙方用拳击打，或用手卡扼歹徒脖子（图13-14）。

图13-11

图13-12

图13-13

图13-14

【动作要求】

两人合作抓捕犯法分子时配合要默契、动作协调，制服歹徒后，给其上铐，在实施抓捕中，一定要稳、准、狠、快，达到一招制敌。

第四节　三对一别臂绞腿抓捕技术

（1）乙方（乙方在甲方的右侧，下同）、丙方（丙方在中间，下同）、丁方（丁方在甲方的左侧，下同）在甲方身后跟踪相持（图13-15）。

（2）乙方用右手、丁方用左手突然快速从甲方身后控制甲方双臂（图13-16）。

图13-15

图13-16

（3）接上势，乙方用左手从甲方右臂后挎其上臂、丁方用右手从甲方左臂后挎其上臂，先控制手臂的主要目的是防止歹徒掏枪或匕首袭警；同时，乙方上左脚绊摔甲方的右腿、丁方上右脚绊摔甲方的左腿，双方手往上提甲方的手臂，使其身体失去重心向前栽倒，乙方用左手、丁方用右手往下摁甲方颈部将其制服（图13-17、图13-18）。

（4）丙方快速上前用双手控制甲方的小腿（图13-19）。

（5）接上势，丙方用右手抓甲方的右小腿踝关节，使之上抬屈膝，再用左手抓甲方的左小腿踝关节上抬，屈膝交叉往下压住甲方的小腿，进行绞甲方的双腿状，用力往下按，将歹徒左右小腿交叉相压控制（图13-20）。

图13-17

图13-18

图13-19

图13-20

【动作要求】

对付凶猛、高大的歹徒，要坚持以多制胜的原则，以防不测。控制甲方的手臂和往前绊摔压按歹徒的手臂，要快速、有力，同时快速将甲方的两腿进行交叉折叠，牢牢控制后，再上铐。

第五节　三对一别臂掀腿抓捕技术

（1）乙方、丙方、丁方在甲方身后跟踪相持（图13-21）。

（2）乙方用右手、丁方用左手突然快速从甲方身后控制甲方双手臂（图13-22）。

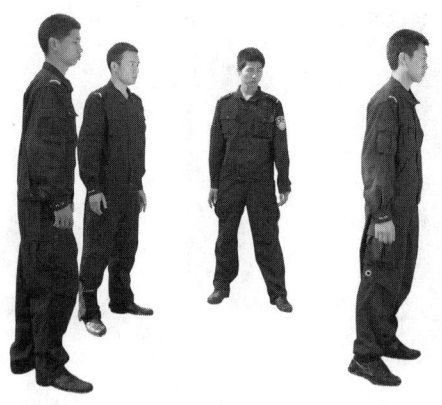

图13-21

图13-22

（3）接上势，乙方用左手从甲方右臂内侧往前上挑挎其上臂、丁方用右手从甲方左臂内侧往前上挑挎其上臂，同时，丙方上左脚成左弓步，上体前俯，用双手分别抓握甲方的双脚踝关节（图13-23）。

（4）同时，乙方上左脚绊摔甲方的右腿、丁方上右脚绊摔甲方的左腿，双方手往上提甲方的手臂，使其身体失去重心向前栽倒，丙方用双手抓甲方的脚踝关节随躯体上抬，使甲方被架空，乙方、丙方、丁方同时可把甲方抬走，离开现场（图13-24）。

图13-23　　　　　　　　　　　　　　　　图13-24

【动作要求】

抓捕小组要配合默契、动作协调。对付高大、凶猛的歹徒，要坚持以多制胜、以巧制胜、以快制胜的原则，以防不测，制服后上手铐，再搜身检查。

第十四章 格斗训练事宜

第一节 体能素质训练

警用格斗要求"体能是基础，技能是关键，战术是保障"，体能包括力量、速度、耐力、柔韧和抗击打能力。长期坚持体能素质训练，可使体魄强健，各项体能素质全面发展。

一、力量素质训练

力量素质是指人体神经肌肉系统在工作时克服或对抗阻力的能力。力量是其他素质的基础。

（一）训练内容

俯卧撑（双臂俯卧撑、单臂俯卧撑）、引体向上、仰卧起坐、负重蹲起。

（二）基本要求

注意不同肌肉群力量的对应发展；选择有效的训练手段，规范和明确正确的动作要求；处理好负荷与恢复的关系；保持肌肉的弹性。

二、速度素质训练

速度素质是指快速完成动作和快速反应位移的能力。速度素质在实战中起到非常重要的作用。

（一）训练内容

反应速度训练，喂靶、模拟实战；动作速度训练、移动速度训练、击打速度训练、蹬伸速度训练、负重速度训练等。

（二）基本要求

提高感觉的反应能力，以最快的速度完成训练动作；正确掌握动作，训练手段多样、负荷适量、动作速度与实战对抗动作相一致。

三、耐力素质训练

耐力素质是指有机体坚持长时间运动的能力。良好的耐力素质是保持运动强度和动作质量的关键。

（一）训练内容

力量耐力训练；有氧耐力和无氧耐力训练，实施方法、条件和标准参照《国家体育锻炼标准》《一线警察体能技能训练标准》；规定击打时间、次数和密度。

（二）基本要求

重视呼吸能力的培养；加强意志品质的培养，抵抗不利因素需要有坚强的意志品质。

四、柔韧素质训练

柔韧素质是指肌肉和韧带的伸展能力。动作幅度大小与柔韧相关，是达到动作要求的重要条件。

（一）训练内容

前屈抱腿；正踢腿、斜踢腿、里合腿、外摆腿、侧踢腿等；横叉、竖叉；正压腿、后压腿、侧压腿；下腰；转肩等。

（二）基本要求

持之以恒，循序渐进；由轻到重，由慢到快；训练适度，全面发展柔韧性。

五、抗击打能力训练

增强抗击打能力是提高攻防能力的关键。抗击打能力是功力的体现。

（一）训练内容

戴拳套两人对抗练习，排打功，踢桩、靠背、打桩，两人马步靠臂等练习。

（二）基本要求

加强腹部、颈部肌肉训练，提高抗击打能力；受到击打部位的肌肉迅速绷紧，意念和气同时到受到击打部位的肌肉，以增大抗击打承受力；把手臂抗击打和接腿摔训练紧密结合；循序渐进，力度逐渐加大。

第二节　战术应用训练

警用格斗战术应用训练主要包括战术原则和战术应用。重点突出实战，能在复杂的特殊环境下灵活使用。

一、战术原则

（1）保持勇敢顽强、沉着冷静、从容不迫的大无畏精神，树立敢打敢拼的必胜信心，做到意紧形松，松而不懈。

（2）把握时机，控制好距离，能避开敌方攻击锋芒，又能快速反击，身体处于最佳姿态，具备能攻能防的有利条件。

（3）灵活运用战术，根据对方的实际可采取扬长避短、避实击虚、正奇互用、攻守兼备等战术。

二、战术应用

战术应用是格斗技术直接应用于实战的技术动作和格斗的方法。分为防守反击，防拳反击，防腿反击；上下配合，左右闪击；直接攻击，乘虚击敌。

（1）对付进攻凶猛之敌，避其锋芒，灵活多变，抓住敌方破绽，运用防守反击，击其要害。

（2）对付擅长防守反击之敌，诱敌深入，趁其暴露弱点之机，进行反击，要求步法多变，严密防守。

（3）对付擅长腿法之敌，控制好距离，运用快速摔法。

（4）对付擅长拳法之敌，与敌保持距离，运用快速抱摔和相应的腿法。

（5）对付擅长摔法之敌，与敌保持拳、腿的距离，要用破摔解脱。

三、战术训练

战术训练是运用不同的对抗条件进行训练。战术训练是提高实战的重要手段。

（1）观看对抗训练和比赛，分析对抗者的战术运用，提出问题，分析原因，强化战术意识。

（2）由拳法对抗训练到腿法对抗训练再到摔法对抗训练，逐步过渡到综合训练。

（3）模拟实战对抗训练是真打实摔的训练，它融技术、心理、战术、体能训练为一体，是实战训练的高级形式，是检验和提高对抗者实战水平的有效手段。

第十五章　警用格斗训练标准

第一节　警用攻防格斗核心训练内容

　　警用格斗应在教学方法上进行创新，把传统的训练方法与新的科学方法相结合，形成完整科学技术体系框架。训练效果突出"速成"，警务实战化突出"制胜"。所以，警用攻防格斗技术教学要有自己的特点和针对性。

序号	格斗模块	核心技能	训练方法	辅助训练	总课时48	基础考核标准
1	拳法	直拳	双方对练	武术基本功	3	左右直拳计次数30s
		摆拳		绕手臂	3	倒地直拳次数30s
		弹拳				马步冲拳次数30s
2	肘法	摆肘	近身对抗	前滚翻	3	弓步大轮臂次数30s
		捣肘		后滚翻		10米折返跑30s
		挑肘				
3	腿法	正蹬			3	正蹬次数30s
		侧踹			3	倒地侧踹次数30s
		鞭腿				
	实战	对抗			3	
4	摔法	接腿摔	对抗摔		3	俯卧撑次数30s
		抱腰摔			3	仰卧撑次数30s
		夹颈摔	对抗训练			卧推25kg次数30s
5	拿法	缠腕		压腕	3	抱头平蹲次数30s
		别肘		切颈部摔	3	
		别臂				
	抓捕	正面抓捕		别臂控制	3	掌握动作熟练程度
		后面抓捕			3	

（续表）

序号	格斗模块	核心技能	训练方法	辅助训练	总课时48	基础考核标准
6	倒地控制	侧面抓捕			3	
		夹颈缠身	对抗训练		3	
		夹颈别臂				
	模拟场景	实战抓捕	对抗训练		3	
7	考核	技能			3	技能标准

第二节　警用格斗基础训练标准

序号	1	2	3	4	5	6	7	8	9	10	11
考核标准	左右直拳次数30s	倒地直拳次数30s	马步冲拳次数30s	弓步大轮臂次数30s	抱头平蹲次数30s	正蹬次数30s	倒地侧蹬次数30s	俯卧撑次数30s	仰卧撑次数30s	卧推25kg次数30s	10米折返跑30s
100	45（30）	45（30）	45（30）	45（30）	30（25）	30（25）	45（30）	45	45（30）	30	14（13）
95	40（29）	40（29）	40（29）	40（29）	29（24）	29（24）	40（29）	40	40（29）	29	13（12）
90	38（28）	38（28）	38（28）	38（28）	28（23）	28（23）	38（28）	38	38（28）	28	12（11）
85	35（27）	35（27）	35（27）	35（27）	27（22）	27（22）	35（27）	35	35（27）	27	11（10）
80	32（26）	32（26）	32（26）	32（26）	26（21）	26（21）	32（26）	32	32（26）	26	10（9）
75	30（25）	30（25）	30（25）	30（25）	25（20）	25（20）	30（25）	30	30（25）	25	9（8）
70	28（24）	28（24）	28（24）	28（24）	24（19）	24（19）	28（24）	28	28（24）	24	8（7）
65	26（23）	26（23）	26（23）	26（23）	23（18）	23（18）	26（23）	26	26（23）	23	7（6）
60	25（22）	25（22）	25（22）	25（22）	22（17）	22（17）	25（22）	25	25（22）	22	6（5）
55	24（21）	24（21）	24（21）	24（21）	21（16）	21（16）	24（21）	24	24（21）	21	5（4）
50	23（20）	23（20）	23（20）	23（20）	20（15）	20（15）	23（20）	23	23（20）	20	4（3）

注：1.1~3项左右拳为一次，原则上在30s内完成警务实战基础动作的次数和质量来评价。

　　2.（）内为女生成绩。

格斗技法考核标准（占50%），实战评分标准（占50%），由教练或专业考官评判。

（1）90~100分——动作规格规范；劲力顺达、发力刚猛速捷，手、眼、身法、步法以及与动作配合协调，技术方法清晰明了；精神饱满、节奏清晰分明；动作劲力充实、技术娴熟、节奏紧凑。

（2）80~89分——动作规格较规范；劲力较顺达，手、眼、身法、步法以及与动作技法配合较协调，技术方法较清晰明了；精神面貌较好、节奏较清晰分明；动作较有力充实、技术熟练、节奏紧凑。

（3）70~79分——动作规格基本规范；劲力基本顺达，手、眼、身法、步法以及与动作技法的配合一般，动作技法一般；精神面貌一般、节奏一般、力度一般；技术动作、节奏基本合理。

（4）60~69分——动作规格不规范；劲力不顺达，手、眼、身法、步法以及与动作的配合差或较差；精神面貌较差、节奏处理较差；内容一般，结构、布局不太合理。

（5）动作规格不规范；劲力不顺达、无精神面貌、无法完成技术动作。成绩按"0"分计算。

第十六章　中国传统武术实战训练精要

武术的起源与人类社会活动、文化塑造密切相关。在人类社会发展过程中，武术是我们中华民族在长期的生活和生产实践中创造、积累和逐步完善的一项民族传统体育项目，它内容丰富，运动形式多样，风格独特，具有强身健体、防卫抗暴、陶冶和锻炼意志等功能，千百年来，深受广大人民群众的喜爱。武术以中国传统文化为理论基础，以踢、打、摔、拿等技术动作为素材，以功法、套路和格斗为运动形式，本章主要阐述中国传统武术实战训练精要。

第一节　内外合一、动静结合训练

一、内外形神兼备

所谓"内"，指心、神、意、气等心智活动和气息的运行；所谓"外"，指手、眼、身、步等外在的形体活动。内与外、形与神是相互联系统一的整体。武术"内外合一，形神兼备"的特点主要通过武术功法和技法来体现。"内练精气神，外练筋骨皮"是各家各派练功的标准。武术动作是从格斗攻防技术中提炼出来的，因此要求手到眼到，手眼紧密配合；手脚相随，上下协调；意领身随，以气催力；意识、呼吸、动作必须内外合一，形神兼备；动作快速有力，静则稳如磐石，动则有韵律，节奏鲜明。

二、技击刚柔相济

峨眉拳在训练技击中，亦柔亦刚，内外相兼，长短并用，攻防兼备。《拳经》讲："拳不接手，枪不走圈，剑不行尾，方是峨眉。""化万法为一法，以一法破万法。"以弱胜强，真假虚实并用等特点。峨眉拳要求在个人单练中以练单式为主。练时意在形外，设敌如在前方，一式一式地练习。单式的练习要用两种方法进行，一是轻描淡写的方法，即练意的方法，以练习劲力的顺达、意念的集中和拳术内涵的领会；二是练力的方法，"刹时间集中全身之力于一拳"，以排山倒海之势，雷霆万钧之力去拼搏。两种方法必须交替使用，以求得张弛相得、刚柔相济的结果，不允许用平均速度去练习，那是不符合实战中的实际情况的。

三、技击养生合一

少林拳派，重视练气、养气，而且还练瞬息万变的真气，即丹田之气。少林武术内外兼修，注重内练精气神，外练筋骨皮。在实战中的特点是朴实大方，出手明快，进逼沉猛。少林内硬功在技击中尚有明劲、暗劲伤敌之法。所谓明劲者，即拳之刚劲，即练精化气，易骨之道；所谓暗劲者，拳中之柔韧也，不过柔韧与软不同，因软中无力，柔并非无力，乃练气化神易筋之道。

四、借力灵活巧变

武当拳技击训练要求，借中盘前冲力拧借力制敌术之技法，属道家武技中上乘制敌功法。与敌对峙中，应以静制动，设中盘空位诱敌，引敌深入，后发制敌。当敌中盘攻势手攻入我空位时，即于闪避中采抓住敌手腕。搭手后，即通过手触、皮肤和意念感知敌前冲劲力大小、方向及其变化，再顺势借力、发力，形成合力，将敌制服。技法训练有身势撤步后移、身步后移右闪、身体左后转等招法，训练中要两腿略屈后坐成中高姿玄虚式，左手臂略屈立掌前伸置于面前，掌心向前，右手仰掌前伸于右腰前，掌指向前，意力运达两手十指成右开合守门式。目视右前方。

传统武技中有"手到步不到，打人不得妙；手到步也到，打人如拨草"的谚语，这说明步法在技击中的重要性。震宫代表人体的足，功能是行走，因此九宫连环步与震宫龙形穿掌相匹配。通过练习九宫步，可以使练功者步法轻灵，内气沉着，进退自如，攻守连环，随机应变。在技击中可按照既定的战略思想，利用娴熟的步法，充分发挥自身的技术优势，在最短的时间内击败对手，取得胜利。

练习速度要由慢到快，循序渐进。步法熟练后，即可配合招式，发劲自由搏击训练。

第二节　意念假想、周身放松训练

一、先练内、后练外

峨眉拳意念训练，要求交手时，一是要把意念放在对方身上，这样才能使自己处于彻底放松的良好状态；二是发手时，要把意念放在打击点的后面，这样做，击中时才能形成透力，意比形短是打人不远的；三是进攻时，要形追意，即一有进攻的念头，你的身形就要追着这个念头打击。只有这样才能达到意形合一的地步，才会除去技击中的多余动作而快速不可挡。意念，是心理的感觉，通过观察对方的外形、技术水平等进行距离的判定。这可以较好地隐蔽自己的意图，达到出奇制胜的效果。

二、手、肘、肩、腰整体合一

意拳训练是刀、锤、钩、叉一起用的功夫，是梢节上要有功夫，也就是梢节要重。交手中敢于把胳膊支出去伸向对方，保持这种拳架不但可以有效地阻止对方的进攻，而且能够利用最佳时机击打对方，如天网一样把对手罩住。可以说遇到真正掌握这种功夫的技击家你根本没法动，怎么变化都挨打，是一种"炸力"。意拳梢节的概念，以臂分可分为手掌到腕部为梢节，前臂为中节，上臂为根节，在击打中，自身所发出的力要通过各关节直接毫无保留地传递到对方的身体内。在力的传导过程中，任何关节支撑不住都等于无效，梢节没有力量，就等于自己的胳膊短了一节。如何训练梢节？站混元桩或技击桩时，设想左右手各握一个小气球，手捏紧气球时，手指掌各关节随之拉紧，手松开气球时，手指掌各关节随之松开。但切记一定不要真的使劲去攥，一定要做到形松意紧。

练习腕关节的挣。设想对方用身体贴住我的拳头或用双臂搭住我的前臂，我的拳头贴住对方的身体，感觉对方贴瓷实了以后，我的腕部突然一挣，对方腾空而出。开始时，腕部可以微挣一下，真正里面有了感觉外面形式是看不出来的。但作用在对方身体上威力会很大。当然不光是梢节挣，浑身各关节无处不挣，拳头放在什么地方都可以随时发力打击对方。

每次练功后可以做一些轻微的发力练习，设想拳头是一把大铁锤，手腕和铁锤间有根弹簧，用身体整体力将铁锤撞出。设想被击中的人或物粉碎。这种轻微发力每日练数十次，发力都应以自然为主。

练习试力方法：做走步试力时设想左右手各是一把大铁锤，拳头是锤，手臂是锤柄，对手向我疯狂进攻，我用铁锤随之一架，对方臂断，或对方出拳发而未发时我以铁锤重击其胸或头部，对方倒地不能再战，这样左右手交替击出，对手都应拨根而起，可以再训练活步试力，上下左右前后的轮番击出。练拳初期可以尽量多练一些梢节的功夫，随时可以设想双手提着两把铁锤。

第三节　手、眼、身法、步法训练

峨眉拳讲究手法多用于护门，攻击对方，因此，对手法的要求较高。一要松柔灵活；二要弹性出手，只有这样才会使人的速度得到最大的发挥；三要充分利用一臂之长，如果对方的进攻不到我的一臂之长的范围之内，那么，他是无法打到我的，因为他的拳也只有一臂；四要手在何处从何处击人，这种出手方法拳路近，出手快，没有预示；五要出必问神，即每有真手出击，必有假手相佐，真手同时打到。手具有听力之奇特功效，在交手中，前臂伸出，以手掌为基点，来测定对方与我所处的位置距离。在与对方周旋的过程中，采用手法测量确定位置、距离，比较准确，有利于攻击和防守。

眼法，临敌时，要淡然对敌，面无所表示，使敌方难以捉摸。《拳论》曰："神淡淡而对敌，形飘飘而迷离"。交手时，只用双眼盯住对方的面部和双眼，用余光挂住其他部位即可。眼睛很灵敏，是感觉最快的器官，能迅速、准确地判定对方的位置与动作变化。

身法，一要多用高姿势，少用低姿势，高姿势易变化，利于周旋；二要尽量侧身对敌，这样才能最大限度地减少被敌攻击的面积；三要出拳时尽量保持出击的一条线。

法步，一字步、三角步、八卦步、十字步等。十字步是峨眉拳中的攻防步法。动作是头向上领，四梢相牵，左脚左摆，右脚右摆，手随步法移动。攻远者用击步，近者用上步，防用套步或退步。在攻守中，有较大的灵活性，身体在移动中要成为一个整体。

第四节　模拟实战、发挥潜能训练

一、掌握时机是重要的技巧

实战训练中，掌握时机很重要，由于攻防的技巧动作不同，可以选择最佳时机。一是让法，敌向我进攻，无论何招何式，无非欲击我，若让开被攻击之位置，则敌无论如何势必落空。是为"气势汹汹莫怕他，让开一步自枉然"。二是闪打，闪与打相结合，彼来击我，我让开被攻击的位置，在闪开的同时击打对方。三是顶法，也叫堵法。当对方欲击我将动之时，我就先把其顶回去，使其无论何种招势都发不出来，后发先至。要掌握好上述三种时机，需要判断好对方的动态，探明对方真假、虚实，才能达到能攻、能防。

二、双人实战训练逐步过渡

双人练习是过渡实战的基础，分两步进行，一是由接手、揉手、探手、让手、攻手等组成。通过练习，掌握与对方交手时的时机感、距离感，以及对对方真假意图的判别和冷防的能力。不允许一上手就真打，全无分寸，那样容易造成伤害，应使习者不知不觉地向实战过渡。二是经过第一步后，所进行的类似实战的攻防练习，习者可以运用自己练习后所掌握的法则和技巧互为攻防，任意制敌。

实战训练中运用脚步、手法、手法与步法的移动，改变攻防的方向及角度，从而占据攻击防守的主动性和招法变化灵活性。①脚步：防守脚步宜退左右斜线；进攻的步法，直线攻击用击步，左右方向攻击用斜上步闪打、闪踢。②手法：可打上、中、下三法，上打头部、胸部，中打裆腹部。有立体角度的变化，就是身体侧身对敌。③手法与步法相互配合的统一整体。头部、身体的转动，可改变步法、手法的角度。因此，要求上下动作自然、协调、轻盈，"手如三春杨柳，步如风摆荷叶"。

三、后发制敌、不接手技击训练

峨眉拳在与敌交手中，主张不接手为上策，这是因为一是天下拳术种类繁多，不可能提前知道各家拳术的变化，就是知道了，也是学不胜学、防不胜防；二是你打你的，我打我的，扬长避短；三是行家出手，有真有假，接手就可能露空挨打；四是男子自是力强，莫以力敌，女子自是质弱，当以法取。所以，峨眉拳是一种巧的拳术打法，有人看了峨眉拳的打法赞其"七分巧，三分功夫"，充分体现出中国传统武术以巧胜拙的打法。当然，功夫加上巧就更有威力了。因此，与敌交手中不招不架、不格不拦，无论用什么脚什么手，身体位置的移动和变化，只注意对方面部，就可攻击对方的躯体、四肢来制敌于要收不能、要发未至的半式之中。

后　记

国家国防部将格斗术列为解放军、武警部队的必要训练科目；国家教育部将武术教育作为民族传统体育学科，列入普通高等院校课程计划；国家文化部把武术列入非物质文化遗产；公安部将警用格斗列入警察必修训练内容，由此可见，把武术与公安工作警察实战相结合，具有极为重要的现实意义和实用价值。

在三十多年的教学工作中，我一直秉持"武为警用，保国为民"的指导思想，本书是我长期教学训练实践的经验总结。在2004—2005年公安部开展"大练兵"期间，我担任广东省警务技能、警务战术总教官，对来自全省的各警种进行了系统培训，将培训中发现的常见问题及解决方法、训练心得编著为《警官培训教程》，并在2006年3月至2009年8月，经相关单位、高校等一线部门进一步实践，因简洁易学、灵活实用，深受基层单位欢迎。反复论证最终定稿为《警用格斗技法》一书。该书2010年由人民体育出版社出版，由于有数以万计的读者深入学习警用格斗，该书连续印刷数次。2013年，结合当前现代警用格斗与传统警察格斗的基础研究，申报国家社会科学基金项目课题（批准号：14BTY057）（结项证书号：20171603）。在2014—2018年各省、市开展调研期间，公安部训练局、中国前卫体协、广东省公安厅、广东省警务训练处、广州市警察训练部、云南警察学院、新疆警察学院、黑龙江警察职业学院、南京森林警察学院、上海警察学院、浙江警察学院、诸暨市特警支队、天津警察职业学院、重庆警察学院、内蒙古自治区公安厅警察教育训练处、内蒙古警察职业学院、鄂尔多斯人民警察学校、北京市公安局政治部、北京警察学院、北京特警总队、公安部铁道警察学院、河南警察学院、开封市公安局、中国人民公安大学、中国刑警学院、江苏警官学院、中国人民解放军特种部队、国家体育总局、北京体育大学、广东省体育局、广州体育学院、广东省委党校、广州市人社局外国专家局、华南师范大学、河南大学、苏州大学等公安、军事、体育部门专家、学者对警用格斗训练研究给予了很好的建设性意见和指导。例如，2017年5月，中国前卫体协副主席刘威华秘书长在大连召开的全国公安机关警体业务干部培训班会上指出，要把警察格斗纳入世界五项全能中。可见，警用格斗在世界警察中的地位和公安机关工作的重要性。

把提高警察格斗技能与身体健康相结合，有利于加强民警身心健康，又能更好地维护国家安全，故该书内容扩展有传统武术格斗训练方法浑元一气按莲功、传统健体功法大力鹰爪功、内壮功法排打硬气功、古传绝技格斗单练和双练及警用格斗警察训练标准。北京体育大学教授田麦久博士认为，按照警察格斗基础训练标准，可提高警察战斗力，减少伤亡，即拥有了克敌制胜的法宝。

衷心感谢原广东省公安厅党委委员、广东警官学院党委书记张小云同志，广东省公安厅党委委员、公安厅副厅长彭会同志多次提出宝贵的修改意见。感谢广东海关总署缉私局，省海事公安局，广州、深圳、珠海、汕头、佛山、韶关、湛江、肇庆、江门、茂名、惠州、梅州、汕尾、河源、阳江、清远、东莞、中山、潮州、揭阳、云浮等各级公安机关部门的大力支持。特别感谢张小云同志为本书作序。

感谢王立泉先生为该书拍摄，感谢我的学生河源市公安局赖少波、东莞市公安局陈晓城、阳江市公安局蓝柳彬、肇庆市公安局陈挺、深圳市公安局黄明灿、广州市公安局曾令旺、罗泽奇警官等协助演示。

董如军

2019年4月于广州